Pays

Grupo Editorial Tomo, S. A. de C. V.
Nicolás San Juan 1043,
03100 México, D. F.

Todas las recetas han sido probadas dos veces por nuestro equipo de economistas del hogar. Cuando probamos nuestras recetas, las evaluamos en cuanto al grado de dificultad de su preparación. Las siguientes categorías aparecen en el libro, haciendo su uso más fácil y comprensible.

Un solo símbolo indique que la receta es muy sencilla y generalmente fácil de hacer, perfecta para principiantes.

Dos símbolos indican que se necesita un poco más de tiempo y cuidado para hacer la receta.

Tres símbolos indican platillos especiales, que necesitan una inversión mayor de tiempo, cuidado y paciencia; pero los resultados lo valen.

1a. edición, septiembre 2004

© *Pies. Sweet & Savoury*
Publicado por Murdoch Books una división de Murdoch Magazines Pty Limited,
GPO Box 1203, Sydney NSW 1045

© 2004, Grupo Editorial Tomo, S. A. de C. V.
Nicolás San Juan 1043, Col. Del Valle 03100 México, D. F.
Tels.: 5575-6615, 5575-8701 y 5575-0186 Fax: 5575-6695
http://www.grupotomo.com.mx
ISBN: 970-775-024-3
Miembro de la Cámara Nacional
de la Industria Editorial No. 2961

Traducción: Ivonne Saíd Marínez
Diseño de portada: Emigdio Guevara
Formación tipográfica: Servicios Editoriales Aguirre, S. C.
Supervisor de producción: Leonardo Figueroa

Impreso en México – Printed in Mexico

Grupo Editorial Tomo, S. A. de C. V.
Nicolás San Juan 1043,
03100 México, D. F.

CONTENIDO

Arriba: Pay carbonade, página 27   ***Abajo a la izquierda:** Mini pays de espinaca, página 13*
Abajo a la derecha: Pay de fudge de chocolate y nuez, página 55

PAYS PERFECTOS

Un pay con una costra crujiente y un relleno delicioso es una maravilla. Hay mucha gente que le tiene miedo a hacer una costra para pay. Queremos guiarte para que te des cuenta qué sencillo es hacerlo. La mayoría de las recetas de este libro utilizan una costra sencilla y, una vez que hagas la primera, descubrirás que son mucho mejores que las compradas.

¿QUÉ COSTRA?

Para la mayoría de nuestras recetas para pay se puede hacer una costra o comprar una ya hecha. Cuando en la receta pedimos específicamente una costra hecha en casa es porque sabe mejor con ese pay.

Únicamente usamos algunos tipos de costra para que, una vez que las domines, puedas tratar de hacer otras con toda confianza. Además de costras con mantequilla hay otras que utilizan aceite de oliva o algún otro tipo de grasa. A algunas costras se les agrega azúcar o huevo. Se puede usar cualquier tipo de pasta para un pay dulce pero es mejor si contiene azúcar. Para forrar un molde de 23cm para pay se necesitan 375g de pasta para la costra.

INGREDIENTES

Los ingredientes básicos de cualquier pay consisten en mezclar harina con la mitad de su peso de alguna grasa y para unirlos se utiliza agua.

Harina: El harina blanca de trigo es la que se utiliza comúnmente para las pastas. Para variar un poco la textura se pueden combinar el harina blanca con harina integral. Se debe guardar en un recipiente hermético.

Grasa: La mantequilla es el ingrediente más utilizado para hacer la pasta, además le añade color. Trata de usar mantequilla y no margarina o manteca. A veces también se utiliza una mezcla de mantequilla con manteca, lo que da una textura más escamosa. La mantequilla y la manteca se usan frías para incorporarlas más fácilmente al harina, además de que hacen la pasta más manejable porque está fría. La mantequilla sin sal se usa para pastas dulces y la que tiene sal para pastas saladas. El aceite de oliva también puede usarse, por ejemplo, para el pay de espinaca, le da otra textura.

Sal: Se agrega tanto a las pastas dulces como a las saladas porque les añade sabor.

Azúcar: El azúcar refinada se usa para las costras dulces, la textura hace que se integre bien al resto de los ingredientes.

Líquido: El ingrediente más común para unir la pasta es el agua muy fría, a veces se puede usar huevo entero o yemas de huevo para enriquecer la pasta. La mayoría de las recetas piden una cantidad aproximada de líquido porque varía dependiendo del harina, la temperatura, la altura y la humedad. Se debe añadir poco a poco y amasarse para lograr la consistencia deseada.

PUNTOS BÁSICOS

Los siguientes puntos te ayudarán a asegurar que harás una pasta perfecta:

- Trabaja en un lugar fresco, el aire acondicionado o un ventilador pueden ayudar si hace mucho calor.
- Asegúrate que todos los ingredientes estén lo más frío posible y que se mantengan frescos durante la preparación.
- Las manos se calientan, por lo que es recomendable manejar poco la pasta. Se pueden refrescar mojándolas con agua fría.
- Trabaja la pasta rápidamente para no calentarla. Si la pasta se maneja demasiado se endurece y encoge al hornear.
- El harina varía en cuanto al contenido de humedad. La temperatura, humedad y altitud también pueden influir en el contenido de humedad del harina. Por lo anterior es muy difícil determinar la cantidad exacta de líquido que una pasta va a necesitar. No debes agregarla toda junta sino poco a poco. Toma un poco de la pasta y si la consistencia es suave y no se desmorona ni se deshace entonces no necesita más líquido. Si la pasta está seca, cuesta más trabajo ponerla en un molde; si tiene un exceso de líquido se encogerá al hornear.
- Es necesario dejar reposar la pasta envuelta en plástico y refrigerar durante 20-30 minutos antes de darle forma o ponerla en el molde. Si el clima es muy caliente necesita refrigerarse mínimo 30 minutos.

- Para facilitar el extendido de la pasta se puede hacer entre 2 hojas de papel encerado.
- Es mejor hornear la base del pay sobre una charola caliente para horno, así que puedes ponerla a precalentar cuando el horno esté a la temperatura adecuada.
- La pasta se puede guardar en el refrigerador por 2 días o en el congelador por 3 meses. Guárdala bien envuelta en plástico para cocina y con una etiqueta con la fecha. Para descongelar se debe colocar sobre una rejilla para permitir que el aire circule.
- La pasta se debe cocer siempre en un horno precalentado, nunca en uno que no haya alcanzado la temperatura indicada.
- Se puede congelar un pay siempre y cuando el relleno no lleve huevo, crema o cuando la pasta no haya sido congelada antes. Para mejores resultados, un pay congelado se debe recalentar en el horno a temperatura baja.
- Para verificar si el pay está cocido, inserta un palillo metálico en el centro. Si el palillo sigue frío, el pay necesita seguirse cociendo.

PASTA PARA PAY

Esta receta rinde aproximadamente 375g de pasta, suficiente para cubrir un molde para pay de 23cm. Se necesitan 2 tazas (250g) de harina, 125g de mantequilla fría, partida en pedazos pequeños y 2-3 cucharadas de agua helada. Si quieres forrar la base del molde y la parte superior necesitas 600g de pasta para lo que se usan 400g de harina, 180g de mantequilla fría, partida en pedazos pequeños y 3-4 cucharadas de agua helada.

1 Sacar la mantequilla del refrigerador 20 minutos antes de usarla (excepto si el clima es caliente). En un tazón grande cernir el harina y ¼ de cucharadita de sal. Cernir sirve para que la pasta tenga aire y quede más crujiente y ligera.

2 Agregar la mantequilla en pedazos y con los dedos frotarla con el harina (no con las palmas porque se calienta) hasta que quede como moronas. Si la receta lo necesita agregar en este punto otros ingredientes secos como azúcar o hierbas.

3 Hacer una fuente y agregar el agua. Mezclar utilizando un cuchillo sin filo, el movimiento en lugar de ser revolvente debe ser cortante, girar el tazón con la otra mano. La pasta debe quedar como moronas grandes. Añadir más agua si se necesita, poco a poco, hasta que la pasta se integre totalmente. Para probar si está lista tomar un pedazo de pasta y hacer una bolita con los dedos, si necesita más agua se desmorona al extenderla y si tiene mucha agua está pegajosa y encogida al hornearla.

4 Juntar toda la pasta y ponerla sobre una superficie lisa enharinada o sobre un pedazo de papel encerado. Formar una bola con la pasta. El secreto está en no manejar demasiado la pasta, simplemente presionar la bola con un rodillo y extenderla un poco formando un disco. Refrigerar envuelta en plástico de cocina durante 20-30 minutos –esto ayuda a extenderla con facilidad y previene que se encoja durante la cocción.

5 Extender la pasta entre 2 pedazos de papel encerado o sobre una superficie enharinada. Siempre empieza a extender del centro hacia las orillas y gira la pasta.

6 Si usaste papel encerado para extender la pasta retira la hoja superior y voltea la pasta sobre el molde, quita el otro papel. Si la extendiste sobre una superficie enharinada enrolla la pasta sobre el rodillo y acomódala en el molde.

7 Una vez que la pasta esté en el molde quita la que sobra en las orillas. Si el molde tiene la orilla lisa pasa el rodillo sobre el molde para que se corte el exceso de pasta. Si el molde es de cerámica corta el exceso con un cuchillo filoso.

8 No dejes muy justa la pasta porque puede encogerse ligeramente. Presiona la pasta sobre el molde con la yema de los dedos. Refrigerar durante 15 minutos para prevenir que se encoja. Precalentar el horno.

Variaciones de la pasta para pay

PASTA CON HUEVO PARA PAY

Esta pasta se usa para pays con fruta, flanes y tartas. El huevo hace que la pasta sea más crujiente y rica. A las cantidades de la receta original agregar gradualmente un huevo batido al harina con 2-3 cucharadas de agua helada y mezclar con un cuchillo sin filo como se indica en el paso 3.

PASTA DULCE PARA PAY

Seguir las instrucciones de pasta con huevo para pay y agregar 2 cucharadas de azúcar refinada o de azúcar glass después de frotar la mantequilla con el harina y continuar el proceso descrito en la receta anterior.

Para integrar la mantequilla en pedazos con el harina frotar con las yemas de los dedos hasta que forme migajas finas.

Mezclar el agua con el harina y mantequilla usando un cuchillo y haciendo movimientos cortantes en vez de envolventes.

Extender la pasta del centro a las orillas girándola.

VARIANTES DE SABOR

Pasta con hierbas: Agregar 2-3 cucharadas de hierbas molidas al harina.

Pasta con queso: Añadir 60g/2oz de queso parmesano rallado.

Pasta con semillas: Agregar 2 cucharaditas de ajonjolí o semillas de amapola.

Pasta con mostaza: Añadir 1-2 cucharadas de semillas de mostaza.

Pasta con nueces: Agregar 2-3 cucharadas de nuez molida, almendras, nuez de la India, avellanas, etc.

Pasta con cítricos: Agregar 2-3 cucharaditas de ralladura de cáscara de naranja o de limón.

Pasta inglesa para pay: Usar la mitad de mantequilla y la mitad de manteca y continuar el proceso descrito en la pasta con huevo para pay. La manteca añade sabor y textura.

Pasta hecha en el procesador

La ventaja de hacer la pasta en el procesador es que ahorra tiempo además de que, al no manejarla con las manos, se mantiene fría. Revolver el harina con la mantequilla en pedazos utilizando el botón de pulso para hacer moronas finas. Sin apagar el procesador agregar el agua hasta que la pasta se integre. No procesar demasiado, únicamente hasta que se hagan moronas grandes, si se procesa demasiado se hará una bola con la pasta. Sacarla del procesador y juntar las moronas, formar una bola, aplanar ligeramente hasta obtener un disco y envolver en plástico. Refrigerar durante 20-30 minutos.

PASTA DE HOJALDRE

Esta pasta se hace alternando capas de mantequilla entre la pasta. Cuando se hornea, la mantequilla se derrite y la pasta produce vapor, lo que hace que las capas se separen y la pasta se eleve. La pasta de hojaldre debe reposar en refrigeración durante 30 minutos antes de hornear. Para que el hojaldre se eleve uniformemente, las orillas deben cortarse con un cuchillo filoso. La superficie se barniza con huevo para darle brillo y color, este proceso debe hacerse con cuidado de no escurrir las orillas porque las capas de pasta se pegarían y no se elevaría parejo.

La siguiente receta rinde 500g de pasta de hojaldre. Se necesitan 200-250g de mantequilla sin sal, 2 tazas (250g) de harina, ½ cucharadita de sal y ⅔ de taza (170ml) de agua helada.

1 En un sartén derretir 30g de mantequilla. Cernir la sal y el harina sobre una superficie lisa formando una fuente. Hacer un hoyo en el centro y verter la mantequilla derretida junto

Revolver la pasta con una raspa haciendo movimientos cortantes de un lado al otro.

Colocar el cuadrado de mantequilla sobre el montículo y doblar hacia el centro cada extremo de la cruz de pasta de manera que cubra la mantequilla.

Doblar el rectángulo en 3 partes (como si fuera un sobre).

con el agua. Con las yemas de los dedos incorporar poco a poco el harina al agua con la mantequilla. La textura debe ser como migajas. Si está seca agregar un poco más de agua antes de integrarla completamente.

2 Revolver la pasta con una raspa con movimientos cortantes de un lado al otro, hasta que se forme una bola suave. Marcar una cruz sobre la pasta para evitar que se encoja. Envolver con plástico y refrigerar 15-20 minutos.

3 Poner la mantequilla entre 2 hojas de papel encerado y con el rodillo formar un cuadrado de 10cm. La consistencia de la mantequilla debe ser igual a la de la pasta, si es más suave se escurrirá de las orillas y si es más dura la romperá.

4 Poner la pasta sobre una superficie lisa y enharinada. Extenderla en forma de cruz dejando un montículo en el centro. Colocar el cuadrado de mantequilla sobre el montículo y doblar hacia el centro cada extremo de la cruz de pasta de manera que cubra la mantequilla. Extender hasta formar un rectángulo de 15x45cm.

5 Doblar el rectángulo en 3 partes (como si fuera un sobre para carta). Girar ¼ de vuelta hacia la izquierda. Extender nuevamente formando un rectángulo, doblarlo en 3 partes y volver a dar ¼ de vuelta hacia la izquierda. Envolver la pasta en plástico y refrigerar durante 30 minutos.

6 Repetir el proceso 2 veces más hasta haber girado la pasta 6 veces en total, refrigerarla durante 30 minutos después de cada 2 vueltas. Este proceso es para asegurar que la mantequilla quede bien distribuida y que al hornear la pasta se eleve uniformemente. La pasta tendrá ahora una color amarillo parejo. Refrigerar hasta necesitarla.

PASTA CRUJIENTE RÁPIDA

Para hacer esta pasta es importante congelar la mantequilla y manejarla lo menos posible. La mantequilla no se amasa para integrarla, se deja en pedacitos para que el harina no la absorba y no pierda la consistencia crujiente, por eso es importante que la pasta no se caliente. Las cantidades de la siguiente receta son para hacer 2 pays (600g). Si sobra se puede utilizar para decorar, envolverla en plástico y refrigerarla durante 2 días o congelarla hasta 3 meses.

1 En un tazón grande cernir 350g de harina y ½ cucharadita de sal. Rallar en el tazón 220g de mantequilla congelada (usar las per-

foraciones más grandes del rallador). Revolver con un cuchillo, asegurarse de que todos los pedazos de mantequilla queden cubiertos con harina. Añadir 3 cucharadas de agua helada y mezclar con una espátula de metal.

2 La pasta debe formar moronas grandes. Probar si la textura es correcta tomando un pedazo de pasta y se debe poder hacer una bolita, de lo contrario agregar 1 cucharadita más de agua.

3 Hacer una bola con toda la pasta y refrigerar 30 minutos. Extender dando la forma que la receta requiera.

PASTA COMPRADA

Cuando no puedas preparar la pasta para el pay existe una gran variedad de pastas comerciales de buena calidad. Para descongelarla colócala sobre una rejilla durante 2 horas.

PARA EXTENDER LA PASTA

Para extender la pasta hay algunos puntos que debes recordar. Extiéndela entre 2 hojas de papel encerado o sobre una superficie lisa y enharinada. Siempre empieza a extenderla del centro hacia las orillas y gírala en lugar de hacerlo de adelante hacia atrás. No presiones más fuerte el rodillo sobre las orillas que sobre el centro. Para acomodarla quita una de las hojas y voltéala sobre el molde, asegúrate que quede bien centrada. Una vez puesta en el molde corta el excedente con un cuchillo filoso. Deja la pasta un poco floja (no tan justa) porque se puede encoger un poco. Refrigérala ya puesta en el molde durante 20 minutos antes de usarla.

COCER EN BLANCO

Si el relleno de la pasta es líquido, generalmente requiere cocerse en blanco lo cual significa que necesitas semi cocerla antes de rellenarla para que no se remoje. Para cocer en blanco tienes que poner algo de peso (por ejemplo frijoles crudos) para evitar que se infle. Tapar la base y las orillas de la pasta con papel encerado. Poner frijoles o arroz crudos. Hornear (generalmente durante 10 minutos), quitar el peso y el papel y seguir horneando 10-15 minutos más (hasta que esté seca) o el tiempo que la receta especifique. Dejar enfriar por completo. El relleno debe estar frío antes de ponerlo sobre la costra para pay.

HORNEAR

Es importante que precalientes el horno a la temperatura indicada antes de hornear.

Rallar la mantequilla congelada usando las perforaciones más grandes del rallador.

Con un cuchillo mezclar el harina con la mantequilla asegurándose que ésta quede cubierta.

Cuando la pasta forme moronas grandes hacer una bola.

PAYS SALADOS

PAY DE POLLO CON PORO Y CHAMPIÑONES

Tiempo de preparación: 30 minutos
Tiempo total de cocción: 1 hora
Porciones: 4

50g de mantequilla
1 poro, en rebanadas delgadas
75g de champiñones, rebanados
1 cucharada de aceite de cacahuate
500g de filete de pechuga de pollo,
    en pedazos de 2cm
1 cucharada de harina
1 taza (250ml) de caldo de pollo
150g de jamón, picado
100ml de crème fraîche
1 cucharada de perejil liso, picado
4 hojas de pasta de hojaldre
2 yemas de huevo, ligeramente batidas

1 Precalentar el horno a 180°C (350°F). Engrasar y enharinar 2 charolas para horno. En un sartén derretir la mitad de la mantequilla y freír el poro a fuego medio durante 4-5 minutos o hasta que esté suave pero que no tome color. Agregar los champiñones y cocer durante 1 minuto. Retirar.

2 En el mismo sartén agregar el resto de la mantequilla y el aceite, freír el pollo a fuego medio-alto en 2 tantos hasta que tome color dorado. Espolvorear el harina y cocinar otro minuto. Añadir el caldo de pollo. Regresar el poro y los champiñones y dejar cocinar a fuego bajo durante 10-15 minutos revolviendo de vez en cuando. Agregar el jamón y la crème fraîche y cocer 5 minutos. Sazonar. Revolver el perejil y dejar enfriar completamente.

3 Cortar cada hoja de pasta de hojaldre en cuadrados de 18cm, guardar los recortes. Poner un poco de la mezcla de pollo en el centro de cada cuadrado. Barnizar las orillas con huevo y doblarlas hacia el centro para cubrir el relleno, pegarlas entre sí. Con los recortes hacer 16 hojas y marcarles las venas. Colocar una hoja sobre cada unión de los pays. Barnizar con huevo y hornear durante 20-25 minutos o hasta que estén de color dorado.

VALOR NUTRICIONAL POR PAY
Proteínas 39.5g; Grasa 74g; Carbohidratos 64.5g; Fibra dietética 3.5g; Colesterol 301.5mg; 4515kJ (1080cal)

Revolver el perejil picado con la mezcla de pollo y crema.

Doblar las orillas de la pasta hacia el centro para cubrir el relleno y pegarlas entre sí.

Poner una hoja sobre cada unión del pay.

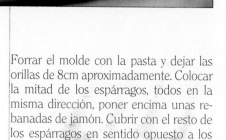

PAY DE ESPÁRRAGOS

Tiempo de preparación: 40 minutos
+ 45 minutos para refrigerar
Tiempo total de cocción: 30 minutos
Porciones: 6

Pasta
350g de harina
250g de mantequilla, fría y cortada
    en cubitos
²/₃ de taza (170ml) de agua helada

800g de espárragos frescos
20g de mantequilla
½ cucharadita de tomillo fresco, picado
1 echalote, picado
60g de jamón, en rebanadas
⅓ de taza (80ml) de crema
2 cucharadas de queso parmesano,
    rallado
1 huevo
1 pizca de nuez moscada
1 huevo extra, ligeramente batido.

1 Para hacer la pasta poner en el procesador el harina y una pizca de sal, procesar 3 segundos, añadir la mantequilla y revolver hasta que se formen migajas. Sin apagar el procesador agregar poco a poco el agua helada hasta que la pasta se inte-

gre. Debe tener algunos grumos de mantequilla.
2 Pasarla a una superficie lisa y enharinada y extender un rectángulo de 30x12cm. Doblar en 3 partes (como sobre de carta). Volver a extender un rectángulo y repetir el proceso 3 ó 4 veces. Envolver en plástico y refrigerar durante 45 minutos.
3 Cortar los espárragos de 10cm. En un sartén calentar a fuego medio la mantequilla y agregar los espárragos, el tomillo y el echalote. Añadir una cucharada de agua, sazonar con sal y pimienta. Cocinar durante 3 minutos o hasta que los espárragos estén tiernos.
4 Precalentar el horno a 200°C (400°F) y engrasar un molde de 21cm con orilla rizada, desmoldable. Extender la pasta y hacer un círculo de 30cm de diámetro.

Forrar el molde con la pasta y dejar las orillas de 8cm aproximadamente. Colocar la mitad de los espárragos, todos en la misma dirección, poner encima unas rebanadas de jamón. Cubrir con el resto de los espárragos en sentido opuesto a los primeros.
5 Mezclar la crema, el queso parmesano, el huevo y la nuez moscada. Sazonar. Verter sobre los espárragos. Doblar la pasta sobre el relleno hacia el centro, formando pliegues. Barnizar con huevo. Hornear en medio del horno durante 25 minutos o hasta que esté dorado.

VALOR NUTRICIONAL POR PORCIÓN
Proteínas 15g; Grasa 46g; Carbohidratos 45.5g; Fibra dietética 4g; Colesterol 200.5mg; 2730kJ (650cal)

Doblar en 3 partes el rectángulo de pasta.

Verter la mezcla de la crema, los huevos, el parmesano y la nuez moscada sobre los espárragos.

PAY DE VERDURAS A LA PARRILLA CON PARMESANO

Tiempo de preparación: 45 minutos
+ 1 hora para reposar

Tiempo total de cocción: 1 hora
30 minutos

Porciones: 6

1 diente de ajo, machacado
300ml de aceite de oliva
2 berenjenas grandes
1 camote grande
3 calabazas zucchini grandes
3 pimientos rojos
3 pimientos amarillos
2 cucharadas de polenta
¾ de taza (75g) de queso parmesano, rallado
1 huevo, ligeramente batido

Pasta
450g de harina
2 cucharaditas de semillas de comino
2 cucharaditas de páprika
100g de mantequilla, picada

1 En un tazón poner el ajo machacado con el aceite. Cortar las berenjenas, el camote y las calabazas en rebanadas, barnizar con el aceite con ajo. Partir en cuartos los pimientos, quitar las semillas y las membranas. Ponerlos sobre la parrilla caliente durante 10 minutos o hasta que la piel esté ennegrecida y ampulada. Meterlos en una bolsa de plástico y dejar que se enfríen, luego pelarlos.

2 Cocer a la parrilla a fuego alto, por tandas, las berenjenas, el camote y las calabazas durante 5-6 minutos o hasta que tomen color y estén suaves. Retirar y dejar enfriar.

3 Precalentar el horno a 180°C (350°F). Engrasar un molde de aro (desmoldable) de 20cm. En un tazón cernir el harina y agregar las semillas de comino, la páprika y ½ cucharadita de sal. En una olla calentar la mantequilla y 225ml de agua. Hervir, verterlo sobre el harina y revolver con una cuchara de madera. Cuando esté frío voltearlo sobre una superficie enharinada y unirlo. Dejar reposar durante 5 minutos. Revolver ¾ cucharadita de s[...]

4 Separar ¼ parte de la pasta y extender el resto entre 2 hojas de papel encerado de tamaño suficiente para cubrir el fondo, los lados del molde y dejar pasta extra colgando. Espolvorear una capa de polenta sobre la base, poner una capa de calabaza, berenjena, camote y pimientos. Barnizar cada capa con un poco de aceite de ajo, espolvorear con parmesano y sazonar con sal y pimienta [...]

5 Extender el resto de la pasta entre 2 hojas de papel encerado de tamaño suficiente para tapar el molde. Tapar y barnizar las orillas con huevo y pegarlas presionando con un cuchillo. Hacer un corte pequeño en el centro de la tapa de pasta para dejar que el vapor salga. Extender los recortes de pasta y usarlos para decorar. Hornear durante 1 hora o hasta que esté crujiente y dorado (si toma color demasiado rápido, cubrir con papel aluminio). Dejar enfriar durante una 1 hora. Servir a temperatura ambiente.

VALOR NUTRICIONAL POR PORCIÓN
Proteínas 18g; Grasa 54g; Carbohidratos 67.5g; Fibra dietética 7g; Colesterol 86mg; 3445kJ (820cal)

Acomodar sobre la costra una capa de las verduras a la parrilla y encima otra de queso parmesano.

PAY DE CAMARONES Y PESCADO

Tiempo de preparación: 1 hora 10 minutos
Tiempo total de cocción: 1 hora 10 minutos
Porciones: 6-8

1kg de camarones medianos
  (guardar las cabezas y las cáscaras)
1 ½ tazas (375ml) de caldo
  de pescado
100ml de vino blanco seco
6 pimientas negras
1 hoja de laurel
1.5kg de papas, peladas
  y cortadas en pedazos de 3cm
100ml de leche
80g de mantequilla
6 echalotes, picados
⅓ de taza (40g) de harina
300ml de crema
2 yemas de huevo
2 cucharadas de perejil liso, picado
500g de filetes de salmón,
  sin piel ni espinas

500g de pescado blanco (trucha,
  blanco del nilo)
1 pizca de pimienta de cayena

1 En una olla poner a fuego medio-alto las cabezas y las cáscaras de los camarones, el caldo de pescado, el vino, las pimientas y el laurel, hervir. Reducir a fuego bajo y dejar cocinar 25 minutos o hasta que se haya reducido a 1 ½ tazas (375ml). Colar en un tazón.

2 En otra olla poner a cocer las papas con agua fría, hervir y reducir a fuego bajo, cocer durante 10-12 minutos o hasta que estén bien cocidas. Colar y hacerlas puré. En una olla pequeña calentar a fuego bajo la leche y 50g de mantequilla, mezclarlo con una cuchara de madera lentamente con el puré hasta que esté integrado y suave. Revolver ½ cucharadita de sal.

3 Precalentar el horno a 180°C (350°F). Engrasar una cacerola para horno de 4.25lt. En un sartén derretir a fuego medio el resto de la mantequilla, agregar los echalotes y cocinar durante 5 minutos o hasta que esté suave y transparente. Añadir el harina y cocinar durante 1 minuto. Revolver poco a poco el caldo de camarón reservado, cocinar 2-3 minutos o hasta que esté espeso, añadir la mitad de la

crema y cocinar 5 minutos. Mezclar las yemas de huevo y el perejil. Sazonar.

4 Cortar el pescado en pedazos de 2cm y colocarlos junto con los camarones sobre la base de la cacerola. Cubrir con la salsa, encima untar el puré. Bañar con el resto de la crema. Espolvorear con la pimienta de cayena. Hornear durante 30 minutos o hasta que esté dorado.

VALOR NUTRICIONAL POR PORCIÓN (8)
Proteínas 58.5g; Grasa 33g; Carbohidratos 32g; Fibra dietética 3.5g; Colesterol 378.5mg; 2790kJ (665cal)

Cubrir el pescado y los camarones con la salsa cremosa.

MINI PAYS DE ESPINACA

Tiempo de preparación: 45 minutos
+ 30 minutos para enfriar
Tiempo total de cocción: 35 minutos
Porciones: 24

⅓ de taza (80ml) de aceite de oliva
2 cebollas, picadas finamente
2 dientes de ajo, picados
150g de champiñones pequeños, picados
200g de espinaca, picada
½ cucharadita de tomillo fresco, picado
100g de queso feta, desmoronado
750g de pasta para pay (ver Pág. 5)
leche, para barnizar

1 En un sartén calentar a fuego medio 2 cucharadas de aceite, añadir la cebolla y el ajo, cocinar durante 5 minutos o hasta que estén suaves y con un poco de color. Agregar los champiñones, cocinar durante 4 minutos o hasta que estén suaves. Transferir a un tazón.

2 Calentar en el mismo sartén a fuego medio una cucharada de aceite, añadir la mitad de las espinacas y cocinar revolviendo durante 2-3 minutos o hasta que estén suaves. Agregarlas al tazón con los champiñones. Repetir con el resto del aceite y de las espinacas. Añadir el tomillo y el queso feta al tazón, revolver. Sazonar con sal y pimienta. Reservar.

3 Precalentar el horno a 200°C (400°F) y engrasar 2 charolas para 12 muffins. Extender la mitad de la pasta entre 2 hojas de papel encerado y cortar 24 círculos de 7.5cm. Acomodar la pasta sobre cada agujero de la charola y dividir la mezcla

de espinaca entre todos. Extender el resto de la pasta entre 2 hojas de papel encerado y cortar 24 círculos de 7cm para tapar los pays, presionar las orillas con un tenedor para cerrar bien. Picar el centro con el tenedor, barnizar con la leche y hornear durante 15-20 minutos o hasta que

estén dorados. Servir inmediatamente o dejar enfriar sobre una rejilla.

VALOR NUTRICIONAL POR PAY
Proteínas 3g; Grasa 12g; Carbohidratos 13.5g; Fibra dietética 1g; Colesterol 11.5mg; 725kJ (175cal)

Cocinar las espinacas en el aceite hasta que estén suaves.

Rellenar los pays con la mezcla de espinaca.

Cerrar los bordes de los pays con un tenedor y picarlos en medio.

PAY DE CORDERO ROSTIZADO

Tiempo de preparación: 30 minutos
    + 2 horas para refrigerar
Tiempo de cocción 3 horas
    10 minutos
Porciones: 6

8 piernas de cordero
½ taza (60g) de harina sazonada
2 cucharadas de aceite de oliva
4 cebollas moradas, en cuartos
8 dientes de ajo, machacados
1 taza (250ml) de vino tinto
1lt de caldo de res
2 cucharadas de romero fresco, picado finamente
6 pimientas negras enteras
¼ de taza (30g) de maicena
375g de pasta de hojaldre (ver Pág. 6)
1 huevo, ligeramente batido

1 Precalentar el horno a 220°C (425°F). Enharinar las piernas de cordero con el harina sazonada, sacudir el exceso. En un sartén grande calentar a fuego medio el aceite y cocer las piernas durante 2 minutos de cada lado o hasta que estén cafés. Transferir a una charola para rostizar y agregar la cebolla, el ajo, el vino, el caldo,

el romero y las pimientas. Tapar con papel aluminio y hornear durante 1 hora.

2 Sacar del horno, revolver y regresar al horno durante 1 hora más, revolver ocasionalmente hasta que la carne se desprenda de los huesos.

3 Sacar los huesos con unas pinzas. Revolver la maicena con 2 cucharadas de agua, revolver y agregar a la charola. Volver a hornear 10 minutos o hasta que espese. Transferir a un tazón grande y dejar enfriar por lo menos durante 2 horas o toda la noche.

4 Precalentar el horno a 180°C (350°F). Engrasar un molde tibio para pay de 23cm con borde. Rellenar con la mezcla de carne. Extender la pasta entre 2 hojas de papel encerado hasta que tenga 3cm más de ancho que el molde. Cortar una tira de 2cm de ancho, del largo de la circunferencia del molde, barnizar con agua el borde y pegar encima la tira de pasta. Tapar con el círculo y presionar las orillas. Con un cuchillo marcar pequeñas rebanadas sobre toda la orilla. Barnizar con el huevo y hornear 45 minutos o hasta que la pasta esté dorada y se haya inflado.

VALOR NUTRICIONAL POR PORCIÓN
Proteínas 50.5g; Grasa 23.5g; Carbohidratos 46.5g; Fibra dietética 3g; Colesterol 157.5mg; 2625kJ (630cal)

Hornear las piernas de cordero hasta que la carne se desprenda de los huesos.

Agregar la maicena a la charola y continuar con la cocción hasta que la salsa espese.

PAY SHEPHERD

Tiempo de preparación: 30 minutos
+ tiempo para enfriar
Tiempo total de cocción: 1 hora 35 minutos
Porciones: 6

¼ de taza (60ml) de aceite
  de oliva
1 cebolla grande, finamente picada
2 dientes de ajo, machacados
2 tallos de apio, finamente picados
3 zanahorias, picadas en cubos
2 hojas de laurel
1 cucharada de tomillo fresco, picado
1kg de carne molida de cordero
1 ½ cucharadas de harina
½ taza (125ml) de vino tinto seco
2 cucharadas de puré de jitomate
400g de jitomate molido
  en lata
1.5kg de papas, peladas y cortadas
  en pedazos regulares
¼ de taza (60ml) de leche
100g de mantequilla
½ cucharadita de nuez moscada,
  molida

1 En una olla grande calentar a fuego medio el aceite, agregar la cebolla y cocinar durante 3-4 minutos o hasta que esté suave. Añadir el ajo, el apio, las zanahorias, el laurel y el tomillo, cocinar de 2 a 3 minutos. Transferir a un tazón y retirar las hojas de laurel.
2 Agregar al mismo sartén el resto del aceite, añadir la carne molida y cocer a fuego alto durante 5-6 minutos o hasta que cambie de color. Espolvorear el harina y cocinar 1 minuto, verter el vino y cocinar 2-3 minutos. Regresar las verduras a la olla junto con el puré de jitomate y el jitomate molido. Reducir a fuego bajo, tapar y cocinar 45 minutos, revolver ocasional-

mente. Sazonar al gusto. Transferir a una cacerola profunda para horno y dejar enfriar. Precalentar el horno a 180°C (350°F).
3 En una olla con agua salada cocer las papas durante 20-25 minutos o hasta que estén suaves. Colar y hacer puré, agregar la leche y la mantequilla. Revolver hasta integrar bien. Sazonar con nuez moscada, sal y pimienta. Untar el puré sobre la carne. Hornear durante 30 minutos o hasta que se forme una costra dorada.

VALOR NUTRICIONAL POR PORCIÓN
Proteínas 41.5g; Grasa 35g; Carbohidratos 37g; Fibra dietética 6.5g; Colesterol 159mg; 2700kJ (645cal)

Regresar las verduras cocidas al sartén y mezclar con la carne molida.

Untar el puré sobre la carne cocida.

PAYS DE POLLO Y ELOTE

Tiempo de preparación: 25 minutos
  + 2 horas para refrigerar
Tiempo total de cocción: 50 minutos
Porciones: 6

1 cucharada de aceite de oliva
650g de filetes de muslo de pollo,
    limpios y cortados en pedazos
    de 1cm
1 cucharada de jengibre fresco, rallado
400g de hongos ostra en mitades
3 elotes, rebanados
½ taza (125ml) de caldo de pollo
2 cucharadas de salsa de soya dulce
2 cucharadas de maicena
90g de hojas de cilantro fresco, picado
6 hojas de pasta para pay
leche, para barnizar

1 Engrasar una charola para 6 pays individuales de 12.5cm de diámetro. Calentar a fuego alto un sartén grande, poner el aceite y agregar el pollo. Freír 5 minutos o hasta que esté dorado. Añadir el jengibre, los champiñones y los granos de elote, cocinar 5-6 minutos. Agregar el caldo y la salsa de soya. Disolver la maicena en 2 cucharadas de agua y verterlo en el sartén. Hervir durante 2 minutos, agregar el cilantro. Transferir a un tazón, dejar enfriar un poco y refrigerar 2 horas.

2 Precalentar el horno a 180°C (350°F). Cortar 6 círculos de pasta de 15cm de diámetro y forrar la charola para pays. Rellenar con la mezcla de pollo fría. Cortar otros 6 círculos para tapar los pays. Poner encima de cada uno la tapa de pasta y sellar las orillas con un tenedor. Decorar con los recortes de la pasta. Hacer unos agujeros sobre cada pay y barnizar con leche. Hornear 35 minutos o hasta que estén dorados.

VALOR NUTRICIONAL POR PAY
Proteínas 35.5g; Grasa 57.5g; Carbohidratos 84.5g; Fibra dietética 8g; Colesterol 144.5mg; 4145kJ (990cal)

Hervir el pollo con la mezcla de elotes durante 2 minutos.

Cortar 6 círculos de pasta para hacer la tapa de los pays.

PAY DE RES AL VINO TINTO

Tiempo de preparación: 30 minutos
+ tiempo para enfriar
Tiempo total de cocción: 3 horas
10 minutos
Porciones: 6

2 cucharadas de aceite de oliva
40g de mantequilla
185g de tocino, picado
1.25kg de carne, limpia y cortada
en pedazos de 2.5cm
2 cebollas, picadas en cubos
3 dientes de ajo, machacados
2 zanahorias, cortadas en cubos
de 1.5cm
¼ de taza (30g) de harina
1 ¼ de taza (315ml) de vino tinto
de Borgoña
1 ½ tazas (375ml) de caldo de res
2 cucharadas de puré de jitomate
1 cucharadita de tomillo fresco, picado
1 hoja de laurel
275g de champiñones pequeños,
en mitades
1 pizca de nuez moscada
3 cucharadas de perejil liso, picado
375g de pasta de hojaldre
(ver Pág. 6)
1 huevo, ligeramente batido

1 En una cacerola para horno o en una olla calentar a fuego medio 1 cucharada de aceite y 20g de mantequilla. Agregar el tocino y cocinar 2-3 minutos. Reservar en un plato. Aumentar a fuego alto y añadir la carne por tandas, cocinar volteándola durante 7-8 minutos o hasta que esté café. Poner la carne en el mismo plato que el tocino.

2 Calentar a fuego medio en la misma cacerola el resto de aceite, agregar la cebolla y el ajo, cocinar 4-5 minutos. Incorporar las zanahorias, cocinar revolviendo 1 ó 2 veces durante 5 minutos. Agregar el harina, la carne, el tocino, el vino, el caldo y el puré de jitomate, cocinar 5 minutos o hasta que la salsa haya espesado un poco y esté suave. Añadir el tomillo y el laurel, sazonar. Reducir el fuego, tapar y cocinar durante 1 hora 15 minutos o hasta que la carne esté suave, si es necesario agregar ¼ de taza (60ml) de agua caliente para hacer una salsa espesa.

3 En un sartén a fuego bajo derretir la mantequilla, freír los champiñones hasta que tomen un color dorado. Agregar la nuez moscada y el perejil picado.

4 Precalentar el horno a 200°C(400°F). Engrasar una cacerola resistente al calor que mida 5-6cm de lado. Extender la pasta entre 2 hojas de papel encerado. Extender el sobrante de la pasta, hacer tira de 1.5cm de ancho.

5 Retirar el laurel de la carne. Verter la mezcla en la cacerola. Cubrir con la pasta y presionar las orillas firmemente para pe-garlas con el borde de la cacerola, quitar el exceso de pasta. Barnizar las orillas con huevo. Hacer 2 cortes en el centro. Torcer las tiras de pasta y pegarlas sobre el borde de la pasta, presionar las uniones de las tiras. Barnizar todo con huevo y hornear 55-60 minutos o hasta que esté dorado.

VALOR NUTRICIONAL POR PAY
Proteínas 58g; Grasa 34.5g; Carbohidratos 31g; Fibra dietética 4g; Colesterol 220mg; 2930kJ (700cal)

Cocinar la mezcla de carne hasta que la salsa haya espesado ligeramente y esté suave.

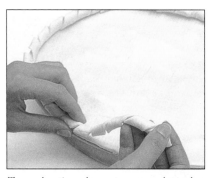

Torcer las tiras de pasta y pegarlas sobre el borde del pay.

TOURTIÈRE

Tiempo de preparación: 40 minutos
    + 20 minutos para refrigerar
    + tiempo para enfriar
Tiempo total de cocción:
    1 hora
Porciones: 6

Pasta

2 ¼ tazas (280g) de harina
½ cucharadita de polvo para
    hornear
120g de mantequilla, fría
    y en cubos
½ cucharadita de tomillo fresco,
    finamente picado
1 cucharadita de jugo de limón
1 huevo, ligeramente batido
1-2 cucharadas de agua helada
1 zanahoria pequeña
1 bulbo de hinojo, sin las hojas
    más gruesas
4 echalotes
20g de mantequilla
200g de tocino, picado
3 dientes de ajo, machacados
500g de carne de cerdo,
    molida
1 cucharadita de tomillo fresco,
    picado
1 cucharadita de salvia fresca,
    picada
¼ de cucharadita de nuez
    moscada molida
¾ de taza (185ml) de caldo
    de pollo
250g de papas, peladas
    y cortadas en cubos
    de 2cm
1 huevo, ligeramente batido

1 Para hacer la pasta: Cernir en un tazón grande el harina, el polvo para hornear y ¼ de cucharadita de sal, frotar la mantequilla fría hasta formar moronas finas. Añadir el tomillo y formar una fuente, en el centro agregar el limón, el huevo y un poco de agua. Amasar con un cuchillo sin filo, con movimientos cortantes hasta formar moronas grandes, agregar más agua si es necesario.

2 Poner la pasta sobre una superficie lisa y enharinada y hacer una bola, aplanar ligeramente para hacer un disco. Envolver en plástico y refrigerar por lo menos 20 minutos.

3 En el procesador picar las zanahorias, el hinojo y el echalote. En un sartén calentar a fuego medio la mantequilla, agregar la verdura picada, el tocino, el ajo y la carne molida. Cocinar, revolviendo ocasionalmente durante 10 minutos o hasta que la carne cambie de color. Incorporar el tomillo, la salvia y la nuez moscada. Sazonar con sal y pimienta recién molida. Añadir ¼ de taza (60ml) de caldo y calentar 10 minutos o hasta que se absorba. Reservar y dejar enfriar

4 Precalentar el horno a 200°C (400°F) y calentar una charola para horno. Engrasar un molde para pay de 23cm de diámetro. Poner en una olla pequeña el resto del caldo con las papas y cocer durante 10 minutos o hasta que estén suaves. Sin colar, machacarlas e incorporar a la mezcla de carne.

5 Dividir la masa en 2 porciones, una un poco más grande que la otra. Extender la más grande entre 2 hojas de papel encerado hasta que tenga el tamaño suficiente para cubrir la base y las orillas del molde. Acomodarla y verter la mezcla, con una cuchara emparejar la superficie del relleno. Barnizar con huevo batido la masa que no tenga relleno.

6 Extender el resto de la masa entre 2 hojas de papel encerado de tamaño suficiente para tapar el pay. Tapar y ajustar, rizar las orillas para sellar. Barnizar la superficie con huevo y hacer 6-8 aberturas sobre la tapa. Hornear sobre la charola caliente en el centro de la rejilla durante 30 minutos o hasta que esté dorada.

VALOR NUTRICIONAL POR PORCIÓN
Proteínas 33g; Grasa 29.5g; Carbohidratos 42g; Fibra dietética 3.5g; Colesterol 188.5mg; 2350kJ (560cal)

Quitar las hojas más duras del bulbo de hinojo.

Cocer la carne de cerdo, moviendo constantemente, hasta que cambie de color.

Machacar las papas y el caldo, incorporar a la mezcla de carne de cerdo.

Ajustar las orillas de la masa y rizarlas
para sellar.

MINI PAYS DE MARISCOS CON HINOJO

Tiempo de preparación: 20 minutos
  + tiempo para enfriar
Tiempo total de cocción: 40 minutos
Porciones: 6

50g de mantequilla
1 bulbo de hinojo, picado
1 cucharadita de hojas de hinojo, picado
1 diente de ajo, machacado
3 cucharadas de echalote, picado
1 ½ cucharadas de harina
½ taza (125ml) de crema
1 cucharadita de Pernod (opcional)
1 pizca de pimienta de cayena
350g de camarones crudos, pelados
170g de callos de hacha frescos
600g de pasta para pay (ver Pág. 5)
1 huevo, ligeramente batido

1 En un sartén grande a fuego medio derretir la mantequilla. Añadir el hinojo, el echalote y el ajo, cocinar revolviendo durante 6-8 minutos o hasta que estén suaves y transparentes. Incorporar el harina y cocinar durante 20-30 segundos, agregar gradualmente la crema y el Per-

nod, revolver hasta que esté muy espesa. Añadir la pimienta de cayena y sazonar con sal y pimienta. Agregar los camarones, el callo de hacha y las hojas de hinojo, revolver y retirar del fuego para enfriar.
2 Precalentar el horno a 180°C (350°F) y calentar una charola para horno. Engrasar una charola para 6 muffins. Dividir la pasta en 6 porciones y extender ⅔ de cada una del tamaño suficiente para forrar cada hoyo de la charola para muffins; extender la pasta restante para hacer las 6 tapas de los pays. Poner la pasta en cada muffin, rellenarla con la mezcla de maris-

cos fría, barnizar las orillas con huevo y ajustar las tapas encima del relleno. Presionar las orillas con un tenedor para sellarlas. Marcar cada pay con 2 rayas horizontales y dos verticales -luego hacer una incisión en el centro. Colocar los pays sobre la charola caliente y hornear durante 25 minutos o hasta que estén dorados.

VALOR NUTRICONAL POR PAY
Proteínas 23.5g; Grasa 42.5g; Carbohidratos 45.5g; Fibra dietética 3g; Colesterol 204mg; 2735kJ (655cal)

Rellenar cada pay con la mezcla de mariscos fría.

Marcar con un tenedor cada pay, hacer 2 rayas verticales, 2 horizontales y hacer una incisión en el centro.

PAY DE RES A LA CERVEZA CON PAPAS

Tiempo de preparación: 30 minutos
Tiempo total de cocción: 3 horas
   10 minutos
Porciones: 6

2 cucharadas de aceite de oliva
1.25kg de carne de res, limpia y
   cortada en cubos
2 cebollas, rebanadas
2 tiras de tocino, picado grueso
4 dientes de ajo, machacados
2 cucharadas de harina
440ml de cerveza oscura
1 ½ tazas (375ml) de caldo de res
1 ½ cucharadas de tomillo fresco,
   picado
2 papas grandes, en rebanadas delgadas
aceite de oliva para barnizar

1 En una olla grande calentar 1 cucharada de aceite de oliva, agregar la carne por tandas. Cocinar, voltear de vez en cuando, durante 5 minutos o hasta que haya tomado color. Retirar la carne. Reducir a fuego bajo y poner el resto del aceite, freír la cebolla y el tocino durante 10 minutos, revolver ocasionalmente. Añadir el ajo y cocinar otro minuto. Regresar la carne a la olla.

2 Esparcir el harina sobre la carne, revolviendo, durante 1 minuto. Poco a poco añadir la cerveza, revolver constantemente. Agregar el caldo, aumentar a fuego medio-alto y hervir. Incorporar el tomillo, sazonar bien y reducir a fuego bajo, cocinar durante 2 horas o hasta que la carne esté suave y la salsa haya espesado.

3 Precalentar el horno a 200°C (400°F). Engrasar un refractario para horno, verter la mezcla de carne. Poner encima una capa de papas, (recargar una sobre la mitad de la anterior y así sucesivamente) y barnizar con el aceite de oliva, agregar sal. Hornear durante 30-40 minutos o hasta que las papas estén doradas.

VALOR NUTRICIONAL POR PORCIÓN
Proteínas 48.5g; Grasa 13g; Carbohidratos 14g; Fibra dietética 2g; Colesterol 146mg; 1665kJ (400cal)

Agregar poco a poco la cerveza en la mezcla de carne, revolver constantemente.

Acomodar una capa de papas sobre la carne, (recargar una sobre la mitad de la anterior).

MINI PAYS
DE POLLO THAI

Tiempo de preparación: 15 minutos
+ 20 minutos para refrigerar
+ tiempo para enfriar
Tiempo total de cocción: 35 minutos
Porciones: 24

Pasta
4 tazas (500g) de harina
250g de mantequilla, fría y partida en
  cubitos
1 cucharadita de chile seco picado,
  tostado
4-6 cucharadas de agua helada

1 cucharada de aceite de cacahuate
4 cebollas de cambray, finamente
  picadas
2 dientes de ajo, machacados
1 tallo de limoncillo, sólo la parte
  blanca, finamente picada
1 cucharada de pasta de curry verde
500g de filete de muslo de pollo,
  limpio y cortado en cubos
1 cucharada de harina
1/3 de taza (90ml) de crema
  de coco
2 cucharadas de cilantro fresco
  picado
1 cucharadita de azúcar moscabado
2 cucharaditas de salsa de pescado
2 cucharaditas de jugo de limón
1 huevo, ligeramente batido

1 En un tazón cernir el harina. Con los dedos frotar el harina con la mantequilla hasta que forme migajas. Agregar el chile. Hacer una fuente y en el centro añadir casi toda el agua, revolver con un cuchillo sin filo con movimientos cortantes hasta que se formen moronas grandes. Si es necesario incorporar el resto del agua.

2 Juntar la pasta y ponerla sobre una superficie de trabajo enharinada. Hacer una bola, dividir a la mitad, aplanar ligeramente hasta formar un disco y envolver en plástico. Refrigerar mínimo 20 minutos.

3 Precalentar el horno a 200°C (400°F). Calentar una charola para horno. Engrasar 2 charolas para 12 pays individuales. En un sartén calentar a fuego medio el aceite y cocinar las cebollas, el ajo y el limoncillo durante 1 minuto. Incorporar el curry y cocinar otro minuto o hasta que empiece a oler.

4 Aumentar a fuego alto y agregar el pollo, cocinar durante 4-5 minutos o hasta que esté cocido. Reducir a fuego medio, incorporar el harina, cocinar otro minuto más. Verter la crema de coco, revolver y dejar cocinar 2-3 minutos o hasta que espese. Añadir el cilantro, el azúcar, la salsa de pescado y el jugo de limón. Reservar y dejar enfriar.

5 Extender una de las porciones de pasta entre 2 hojas de papel encerado. Quitar la hoja superior y con un cortador redondo de 7.5cm cortar 24 círculos. Acomodar los círculos en los moldes y rellenar con la mezcla de pollo. Extender el resto de la pasta y cortar 24 círculos de 7cm. Barnizar con huevo las orillas de los pays rellenos, colocar una tapa sobre cada pay, sellar presionando con un tenedor. Barnizar con el huevo batido, con el tenedor hacer unos orificios en el centro. Colocar los pays sobre la charola caliente

y hornear de 15 a 20 minutos o hasta que estén dorados.

VALOR NUTRICIONAL POR PAY
Proteínas 6.5g; Grasa 12g; Carbohidratos 16.5g; Fibra dietética 1g; Colesterol 52.5mg; 840kJ (200cal)

Rellenar cada pay con la mezcla de pollo.

PAY DE PASTA FILO CON SALMÓN Y MANTEQUILLA DE ENELDO

Tiempo de preparación: 25 minutos
+ tiempo para enfriar
Tiempo total de cocción: 50 minutos
Porciones: 6

¾ de taza (150g) de arroz blanco de grano mediano
80g de mantequilla, derretida
8 hojas de pasta filo
500g de filetes de salmón, sin piel ni espinas, en pedazos pequeños
2 echalotes, picados finamente
1 ½ cucharadas de alcaparras
150g de yogurt natural
1 huevo
1 cucharada de ralladura de cáscara de limón
3 cucharadas de eneldo, finamente picado
¼ de taza (25g) de pan molido
1 cucharada de semillas de ajonjolí
2 cucharaditas de jugo de limón

1 En una olla grande poner el arroz y agua suficiente para cubrir 2cm arriba del arroz. Hervir a fuego medio, reducir a fuego bajo y cocinar durante 20 minutos o hasta que se haya absorbido el agua. Retirar y enfriar.

2 Precalentar el horno a 180°C (350°F). Engrasar con mantequilla un molde para horno de 20x30cm. Tapar las hojas de pasta filo con un trapo húmedo. En un tazón grande mezclar el salmón, los echalotes, las alcaparras, el arroz, el yogurt y el huevo. Añadir la ralladura de limón y 1 cucharada de eneldo. Sazonar con sal y pimienta.

3 Poner 4 capas de pasta filo en la base del molde, barnizar cada una con mantequilla derretida, dejar que las orillas de la pasta se encimen en la orilla del molde. Poner la mezcla del salmón y aplanar bien.

Doblar la pasta sobrante. Colocar encima las otras 4 hojas de pasta filo, barnizar con mantequilla derretida cada una y espolvorear la última capa con el pan molido. Esparcir encima una capa de semillas de ajonjolí.

4 Cortar la pasta del pay en forma de rombos. Hornear en la charola más baja del horno durante 25-30 minutos o hasta que tome un color café-dorado. Recalentar el resto de la mantequilla, añadir el jugo de limón y el resto del eneldo, verter sobre cada rebanada de pay.

VALOR NUTRICIONAL POR PORCIÓN
Proteínas 23g; Grasa 19.5g; Carbohidratos 34.5g; Fibra dietética 1g; Colesterol 109.5mg; 1705kJ (410cal)

Combinar el salmón, el echalote, las alcaparras, el arroz, el yogurt, el huevo, la ralladura de limón y el eneldo.

Espolvorear el pay con semillas de ajonjolí y cortar la pasta en rombos.

PAY DE CHILLI CON CARNE

Tiempo de preparación: 25 minutos
  + 20 minutos para refrigerar
Tiempo total de cocción: 2 horas
  15 minutos
Porciones: 6-8

Pasta
1 ½ tazas (185g) de harina
100g de mantequilla, fría
  y en cubos
¾ de taza (90g) de queso cheddar,
  rallado
1-2 cucharadas de agua helada

2 cucharadas de aceite de oliva
1 cebolla, picada
2 dientes de ajo, machacados
¼ de cucharadita de chile en polvo
2 cucharaditas de comino, molido
1 cucharadita de cilantro, molido
¼ de cucharadita de pimienta
  de cayena
1 cucharadita de páprika
1 cucharadita de orégano seco
750g de carne de res, molida
2 cucharadas de puré de jitomate
½ taza (125ml) de vino tinto seco
425g de jitomates de lata picados
1 cucharada de mostaza de grano
  entero
290g de frijoles bayos en lata,
  escurridos y enjuagados
2 cucharadas de perejil liso, picado
1 cucharada de orégano fresco, picado
⅔ de taza (160g) de crema ácida

1 En un tazón cernir el harina. Con los dedos frotar la mantequilla con el harina hasta que forme moronas finas. Revolver el queso. Hacer una fuente y en el centro agregar casi toda el agua. Mezclar, utilizando un cuchillo sin filo, con movimientos cortantes hasta que se formen moronas gruesas. Si es necesario agregar más agua.
2 Juntar la pasta y ponerla sobre una superficie enharinada. Formar una bola y aplanar ligeramente. Tapar con plástico y refrigerar mínimo 20 minutos.
3 En una olla grande calentar a fuego medio el aceite y freír la cebolla durante 5 minutos o hasta que esté suave. Agregar el ajo, las especias y el orégano seco, cocinar durante 2 minutos. Añadir la carne molida y cocerla a fuego alto durante 5 minutos o hasta que tome color café. In-

corporar el puré de jitomate y cocinar otro minuto. Agregar el jitomate picado y la mostaza y hervir, reducir a fuego bajo, cocinar durante 30 minutos.
4 Añadir los frijoles y cocinar 30 minutos o hasta que la mezcla se haya secado. Incorporar las hierbas frescas. Sazonar al gusto.
5 Precalentar el horno a 200°C (400°F). Engrasar un molde para pay de 23cm y rellenar con la mezcla de frijoles y carne. Extender la pasta del tamaño del molde, acomodar la tapa y rizar las orillas. Hacer

2 o 3 aberturas en el centro para dejar salir el vapor y hornear durante 10 minutos, reducir el calor del horno a 180°C (350°F) hornear durante 40-45 minutos o hasta que esté dorado. Si el pay toma color demasiado rápido poner encima una capa de papel aluminio para no se queme. Servir con crema ácida.

VALOR NUTRICONAL POR PORCIÓN (8)
Proteínas 27g; Grasa 32g; Carbohidratos 24g; Fibra dietética 4g; Colesterol 110.5mg; 2085kJ(500cal)

Dejar cocer la mezcla de carne y frijoles hasta que el líquido se haya evaporado y esté seco.

Acomodar la tapa del pay sobre el relleno.

PAY DE ESPINACA

Tiempo de preparación: 30 minutos
  + 30 minutos para refrigerar
  + 10 minutos para reposar
Tiempo total de cocción: 55 minutos
Porciones: 8-10

Pasta
2 tazas (250g) de harina
⅓ de taza (80ml) de aceite de oliva
1 huevo, batido
4-5 cucharadas de agua helada
1kg de espinaca, limpia y picada
1 cucharada de aceite de oliva
1 poro grande, rebanado
4 dientes de ajo, machacados
2 tazas (500g) de queso ricotta
1 taza (90g) de queso pecorino, rallado
300g de queso feta, desmoronado
3 huevos, ligeramente batidos
3 cucharadas de eneldo fresco
½ taza (15g) de perejil liso, picado

1 En un tazón grande cernir el harina y ½ cucharadita de sal, hacer una fuente.

Revolver el aceite, el huevo y la mayoría del agua, verter en el centro de la fuente y con un cuchillo sin filo mezclar hasta que se formen moronas, si es necesario agregar más agua.

2 En una olla poner la espinaca con un poco de agua, tapar y dejar cocer durante 5 minutos, revolver ocasionalmente, hasta que se marchite. Colar y exprimir el exceso de agua, picarla.

3 Precalentar el horno a 200°C (400°F) y calentar una charola para horno. Engrasar un molde para tarta de 25cm, desmoldable con orilla rizada. En un sartén calentar a fuego bajo-medio el aceite, poner el poro y el ajo y freír durante 5 minutos o hasta que estén suaves. En un tazón grande mezclar el queso ricotta, el pecorino, el feta, la espinaca, los huevos, el eneldo y el perejil, sazonar.

4 Extender ⅔ partes de la pasta entre 2 hojas de papel encerado del tamaño del molde. Forrarlo y poner el relleno de espinaca. Extender el resto de la pasta y colocarla sobre el relleno para tapar el pay. Cortar el excedente de pasta y pegarlo bien en la orilla del molde. Hacer 2 ó 3 aberturas en el centro para dejar salir el vapor.

5 Hornear sobre la charola caliente durante 15 minutos, reducir la temperatura a 180°C (350°F) y hornear otros 30 minutos. Si el pay toma color demasiado rápido, cubrir con papel de aluminio para que no se queme. Dejar reposar 5-10 minutos antes de rebanar.

VALOR NUTRICIONAL POR PORCIÓN (10)
Proteínas 20g; Grasa 26.5g; Carbohidratos 20.5g; Fibra dietética 4g; Colesterol 123.5mg; 1660kJ (395cal)

Colar las espinacas cocidas, exprimir y picarlas finamente.

BOCADILLOS DE PORO

Tiempo de preparación: 20 minutos
    + tiempo para enfriar
Tiempo total de cocción: 35 minutos
Porciones: 32

60g de mantequilla
2 cucharadas de aceite de oliva
1 cebolla, finamente picada
3 poros, finamente picados
1 diente de ajo, picado
1 cucharada de harina
2 cucharadas de crema ácida
1 taza (100g) de queso parmesano,
    rallado

1 cucharadita de tomillo fresco, picado
4 hojas de pasta de hojaldre
1 huevo, ligeramente batido

1 En un sartén calentar a fuego medio el aceite y la mantequilla. Freír la cebolla revolviendo ocasionalmente durante 2 minutos. Agregar el poro y el ajo, cocinar 5 minutos o hasta que el poro esté suave y con un poco de color. Añadir el harina y revolver en la mezcla por 1 minuto. Incorporar la crema, revolver hasta que esté ligeramente espesa. Transferir a un tazón, agregar el queso parmesano y el tomillo. Sazonar con sal y pimienta negra recién molida, dejar enfriar.

2 Precalentar el horno a 200°C (400°F). Calentar una charola para horno ligeramente engrasada. Extender la pasta y cortar 64 círculos de 6cm. A 32 de los círculos ponerle 2 cucharaditas copeteadas del relleno, dejar un pequeño borde para barnizar con huevo, colocar otro círculo de pasta encima del relleno y sellar las orillas con un tenedor. Barnizar con huevo y colocar los pays sobre la charola caliente. Hornear durante 25 minutos o hasta que se hayan inflado y estén dorados.

VALOR NUTRICIONAL POR PAY
Proteínas 2.5g; Grasa 9g; Carbohidratos 8.5g; Fibra dietética 0.5g; Colesterol 19.5mg; 510kJ (120cal)

Revolver la crema con la mezcla de poro hasta que espese ligeramente.

Poner 2 cucharadas copeteadas del relleno sobre 32 de los círculos.

Acomodar encima los otros 32 círculos y sellar las orillas con un tenedor.

PAY CARBONADE

Tiempo de preparación: 30 minutos
   + tiempo para enfriar
Tiempo total de cocción: 3 horas
   10 minutos
Porciones: 6

¼ de taza (60ml) de aceite de oliva
1kg de carne res, en cubos de 2cm
2 cebollas grandes, en rebanadas
   delgadas
¼ de taza (30g) de harina
1 cucharada de pasta de jitomate
1 ½ tazas (375ml) de cerveza
2 hojas de laurel
1 cucharada de azúcar moscabado
2 tazas (500ml) de caldo de res
30g de mantequilla
2 cucharadas de harina, extra
600g de pasta para pay (ver Pág. 5)
1 huevo, ligeramente batido

1 En un cacerola resistente al fuego con tapa calentar a fuego alto 2 cucharadas de aceite. Dorar la carne en tandas durante 3-4 minutos. Retirar.

2 Reducir a fuego bajo y agregar el resto de aceite a la cacerola y freír la cebolla durante 10 minutos moviendo ocasionalmente o hasta que esté suave y dorada. Añadir el harina y cocinar 1 minuto. Revolver la pasta de jitomate, la cerveza, el laurel y el azúcar. Aumentar a fuego alto y hervir. Incorporar el caldo y hervir, añadir la carne. Reducir a fuego bajo y dejar cociendo durante 2 horas, revolver ocasionalmente hasta que la salsa haya reducido y la carne esté tierna. Retirar del fuego y dejar enfriar un poco.

3 Precalentar el horno a 210°C (415°F). Engrasar un molde para pay de 23cm. Calentar una charola para horno. Colar la carne y la cebolla, verter la salsa en una jarra, quitar las hojas de laurel. En la misma cacerola derretir la mantequilla a fuego bajo. Agregar el harina extra y cocer 1 minuto o hasta que burbujee. Aumentar a fuego medio y agregar poco a poco la salsa, revolver constantemente durante 3-4 minutos o hasta que la salsa hierva y espese. Regresar la carne y la cebolla y sazonar. Enfriar.

4 Separar ⅓ de la pasta. Extender el resto entre 2 hojas de papel encerado hasta que tenga el tamaño suficiente para cubrir la base y las orillas del molde para pay.

Forrar y poner el relleno de carne, emparejarlo. Barnizar las orillas de la pasta con huevo. Extender la pasta restante entre 2 hojas de papel encerado hasta que tenga el tamaño suficiente para cubrir el pay. Tapar y sellar las orillas con un tenedor, picar el centro. Decorar al gusto. Barnizar con huevo batido y poner el pay en el centro de la charola caliente. Hornear durante 35-40 minutos o hasta que esté dorado. Dejar enfriar un poco antes de servir.

VALOR NUTRICIONAL POR PORCIÓN
Proteínas 44.5g; Grasa 44.5g; Carbohidratos 55g; Fibra dietética 3g; Colesterol 182.5mg; 3390kJ (810cal)

Dejar hervir a fuego bajo hasta que la salsa espese y la carne esté tierna.

PAY DE POLLO Y VERDURAS EN MOLDE

Tiempo de preparación: 45 minutos
+ 20 minutos para refrigerar
Tiempo total de cocción: 1 hora
20 minutos
Porciones: 6

Pasta
1 ¼ de taza (155g) de harina
90g de mantequilla, fría y en cubos
1 cucharada de tomillo fresco, picado
1 cucharada de perejil liso, picado
3-4 cucharadas de agua helada

Relleno
750g de filetes de pechuga de pollo
1 limón, en cuartos
5 cebollas de cambray
2 hojas de laurel
1 ½ tazas (375ml) de caldo de pollo
¼ de taza (60ml) de vino blanco seco
50g de mantequilla
1 cebolla grande, finamente rebanada
1 cucharada de estragón fresco,
picado
100g de champiñones, finamente
rebanados
¾ de taza (90g) de harina
2 zanahorias grandes, en cubos
de 1cm
1 tallo de apio, en cubos de 1cm
½ taza (80g) de chícharos frescos
o congelados
1 huevo, ligeramente batido

1 Para hacer la pasta: En un tazón grande cernir el harina y ¼ de cucharadita de sal. Frotar con las manos la mantequilla y el harina hasta que se formen moronas finas. Agregar las hierbas picadas. Formar una fuente y verter casi toda el agua. Con un cuchillo sin filo revolver con movimientos cortantes hasta que se formen moronas gruesas, si es necesario agregar más agua.

2 Juntar toda la masa y colocarla sobre una superficie enharinada, hacer una bola, achatar para formar un disco y envolver en plástico, refrigerar durante 20 minutos mínimo.

3 Precalentar el horno a 180°C (350°F). En un sartén poner el pollo, el limón, 4 cebollas de cambray, el laurel, el caldo de pollo, el vino, 1 ½ tazas (375ml) de agua y ½ cucharadita de sal. Hervir a fuego alto y dejar a fuego suave durante 20 minutos o hasta que el pollo esté cocido. Sacar el pollo y volver a poner al fuego el caldo durante 10 minutos más o hasta que se haya reducido a 2 tazas (500ml). Colar y reservar el líquido. Cortar el pollo en pedazos pequeños.

4 En una olla grande derretir a fuego medio la mantequilla, cuando burbujee agregar la cebolla y freír durante 2-3 minutos o hasta que esté suave. Añadir el estragón y los champiñones, cocinar, revolviendo ocasionalmente, durante 3-4 minutos o hasta que los champiñones estén suaves. Agregar el harina y cocinar 3 minutos revolviendo bien. Verter el líquido reservado y hervir, revolver constantemente durante 2 minutos o hasta que espese ligeramente. Retirar del fuego e incorporar con la mezcla del pollo y verduras. Dividir la mezcla entre 6 moldes de 1 ½ tazas (375ml).

5 Dividir la masa en 6 porciones iguales. Extender cada una formando un disco de 12cm de diámetro. Humedecer la orilla de los moldes y poner la masa. Presionar contra los bordes para sellar. Con los recortes de la masa hacer decoraciones y colocarlas encima de la tapa de los moldes. Picarlos con un tenedor y barnizar con huevo. Hornear durante 30 minutos o hasta que estén dorados.

VALOR NUTRICIONAL POR PAY
Proteínas 28g; Grasa 25g; Carbohidratos 35.5g; Fibra dietética 4g; Colesterol 154mg; 1990kJ (475cal)

Cortar el pollo cocido en pedazos pequeños.

Incorporar la zanahoria, el apio, los chícharos y el pollo a la mezcla espesa.

Extender cada porción de masa para formar un disco de 12cm.

Tapar el relleno con los discos de masa, presionar firmemente contra las orillas del molde.

PAY DE VERDURAS ROSTIZADAS Y QUESO FETA

Tiempo de preparación: 30 minutos
+ tiempo para enfriar
Tiempo total de cocción: 45 minutos
Porciones: 6

3 calabazas zucchini, cortadas
en rodajas de 1.5cm
½ calabaza butternut pequeña
(420g) cortadas en cubos de 2cm
1 cebolla morada, cortada en gajos
18 champiñones, sin tallos
6 jitomates, en cuartos

1 cucharada de orégano fresco, picado
2 cucharaditas de romero, picado
3 dientes de ajo, machacados
2 cucharadas de aceite de oliva
6 hojas de pasta para pay
1 clara de huevo, ligeramente batido
200g de queso feta, cortado en cubos
de 1cm
1 cucharada de vinagre balsámico
200g de salsa tzatziki

1 Precalentar el horno a 220°C (425°F).
En un tazón grande revolver las calabazas, la cebolla, los champiñones, los jitomates, las hierbas, el ajo y el aceite.
Poner las verduras en una charola para rostizar y hornear durante 20-30 minu-

tos. Retirar las verduras del horno y dejar enfriar.
2 Extender la pasta y cortar 6 círculos de 22cm (se pueden hacer tomando como molde un plato), barnizar la superficie de cada uno con la clara de huevo. Acomodar las verduras y el queso sobre cada círculo de pasta, dejar un borde de 4cm. Doblar las orillas hacia el centro. Barnizar las verduras con vinagre balsámico.
3 Hornear los pays durante 10-15 minutos o hasta que estén dorados y esponjados. Servir con la salsa tzatziki.

VALOR NUTRICIONAL POR PAY
Proteínas 22.5g; Grasa 64g; Carbohidratos 82.5g; Fibra dietética 7.5g; Colesterol 78mg; 4135kJ (990cal)

Hornear las calabazas, la cebolla, los champiñones, los jitomates, las hierbas y el ajo.

Con un plato cortar 6 círculos de pasta.

Doblar las orillas de la pasta hacia el centro, sobre el relleno.

PAY DE HUEVO Y TOCINO

Tiempo de preparación: 20 minutos
+ 30 minutos para refrigerar
+ tiempo para enfriar
Tiempo total de cocción: 50 minutos
Porciones: 4-6

Pasta
450g de harina
125g de mantequilla, fría y en cubos
250g de queso mascarpone

1 cucharada de aceite de oliva
300g de tocino, partido en cubos
2 cebollas, en rebanadas delgadas
1 cucharada de perejil liso, picado
6 huevos
1 yema de huevo

1 En un tazón grande cernir el harina y frotarla con la mantequilla hasta que se formen migajas. Agregar el mascarpone. Revolver con un cuchillo sin filo haciendo movimientos cortantes hasta que se formen moronas grandes.

2 Pasar la pasta a una superficie enharinada y formar una pelota. Aplanar ligeramente y cubrir con plástico, refrigerar 30 minutos.

3 Precalentar el horno a 170°C (325°F). Engrasar un molde para pay de 23cm. Precalentar una charola para horno. En un sartén calentar a fuego medio el aceite, freír el tocino y la cebolla, revolver ocasionalmente durante 5-7 minutos o hasta que tomen color café. Mezclar el perejil. Retirar para enfriar.

4 Dividir la pasta en 2 porciones, una un poco más grande que la otra. Extender la porción más grande para cubrir el fondo y los lados del molde. Forrarlo y poner una capa de la mezcla de cebolla y tocino, hacer 6 espacios con el dorso de una cuchara. Romper un huevo sobre cada espacio. Barnizar la orilla de la pasta con agua. Extender el resto para hacer la tapa. Colocarla sobre el pay, cortar el exceso y presionar para sellar las orillas. Con los sobrantes de pasta hacer hojas para decorar. Barnizar con la yema de huevo y colocar el pay sobre la charola caliente,

hornear por 40 minutos o hasta que tome color. Tapar con papel de aluminio si toma color muy rápido. Dejar reposar durante 10 minutos antes de servir.

VALOR NUTRICIONAL POR PORCIÓN (6)

Proteínas 29.5g; Grasa 43.5g; Carbohidratos 58.5g, Fibra dietética 3.5g; Colesterol 332mg; 3085kJ (735cal)

Agregar el mascarpone y revolver con un cuchillo haciendo movimientos cortantes hasta que se formen moronas grandes.

Romper un huevo en cada espacio entre la cebolla y el tocino.

31

PAY CREMOSO DE CHAMPIÑONES

Tiempo de preparación: 45 minutos
  + 15 minutos para remojar
  + 20 minutos para refrigerar
  + tiempo para enfriar
Tiempo total de cocción: 1 hora
  5 minutos
Porciones: 4-6

Pasta
2 tazas (250g) de harina
½ taza (75g) de polenta
125g de mantequilla, fría y en cubos
¼ de taza (60ml) de crema
2-3 cucharadas de agua helada

10g de champiñones porcini,
  deshidratados
150g de hongos ostra
1 poro grande, en rebanadas delgadas
150g de mantequilla
2 dientes de ajo grandes, machacados
200g de champiñones shiitake
  rebanados
200g de setas colmenilla, rebanadas
350g de champiñones pequeños
100g de champiñones enoki
2 cucharadas de harina
½ taza (125ml) de vino blanco seco
½ taza (125ml) de caldo de verduras
  o de pollo
¼ de taza (60ml) de crema espesa
2 cucharadas de tomillo fresco,
  picado
1 huevo, ligeramente batido

1 Para hacer la pasta: En un tazón grande cernir el harina, agregar la polenta y ½ cucharadita de sal. Con los dedos frotar la mantequilla con el harina hasta que se formen moronas. Hacer una fuente y en el centro verter la crema, revolver con un cuchillo sin filo haciendo movimientos cortantes hasta que se formen moronas grandes. Añadir un poco de agua si la pasta está muy seca.

2 Juntar la pasta y colocarla sobre una superficie enharinada, formar una pelota y achatar ligeramente, envolver en plástico y refrigerar 20 minutos.

3 Remojar los champiñones porcini en ¼ de taza (60ml) de agua hirviendo durante 15 minutos. Partir a la mitad los champiñones ostra que estén muy grandes.

4 Precalentar el horno a 210°C (415°F). Calentar una charola para horno. Engrasar un molde para pay de 23cm.

5 Colar los champiñones porcini, reservar el líquido de remojo y picarlos. En un sartén grande calentar a fuego medio la mantequilla, freír el poro y el ajo durante 7-8 minutos o hasta que el poro esté suave y dorado. Agregar todos los champiñones, hongos y setas, cocinar revolviendo durante 5-6 minutos o hasta que estén suaves.

6 Añadir el harina y revolver durante 1 minuto. Verter el vino blanco y el líquido reservado de remojo, hervir durante 1 minuto, verter el caldo y cocinar durante 4-5 minutos o hasta que se haya reducido el líquido. Revolver la crema y cocinar 1-2 minutos o hasta que espese. Incorporar el tomillo y sazonar. Enfriar.

7 Dividir la pasta en 2 porciones. Extender una parte entre 2 hojas de papel encerado hasta que tenga un tamaño que cubra la base y las orillas del molde. Forrar el molde y poner la mezcla fría de champiñones. Barnizar las orillas de la pasta con huevo batido.

8 Extender el resto de la pasta hasta que cubra el molde. Colocar la tapa, recortar y sellar las orillas con un tenedor, picar la superficie 3 veces para dejar salir el vapor. Con el sobrante de pasta hacer cortes en forma de champiñón. Colocarlos sobre el pay y barnizar con huevo. Poner el pay sobre la charola caliente, hornear 35-40 minutos o hasta que esté de color café-dorado. Dejar reposar 5 minutos antes de rebanar.

VALOR NUTRICIONAL POR PORCIÓN (6)
Proteínas 13.5g; Grasa 48g; Carbohidratos 50.5g; Fibra dietética 7.5g; Colesterol 172.5mg; 2900kJ (695cal)

Agregar la crema y revolver con movimientos cortantes hasta formar moronas grandes.

Poner todos los champiñones, setas y hongos en el sartén, cocinar hasta que estén suaves.

Rellenar la pasta en los moldes con la mezcla fría de champiñones.

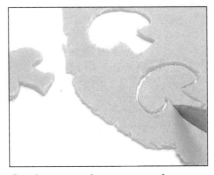

Con la pasta sobrante cortar figuras en forma de champiñón para decorar el pay.

PAY DE QUESO Y PAPAS

Tiempo de preparación: 40 minutos
  + 20 minutos para enfriar
Tiempo total de cocción: 1 hora
  35 minutos
Porciones: 6-8

1 taza (250ml) de crema
1 hoja de laurel
1kg de papas, en rebanadas delgadas
1 cucharadita de cebollín, picado
1 cucharadita de tomillo, picado
500g de pasta de hojaldre (ver Pág. 6)
1 diente de ajo, finamente picado
1 taza (125g) de queso cheddar, rallado
1 huevo, ligeramente batido

1 Engrasar un molde de metal para pay de 23cm. En una olla grande verter la crema, agregar el laurel, ¼ de cucharadita de sal y un poco de pimienta negra. Calentar a fuego bajo hasta que hierva y retirar del fuego.
2 Agregar las papas rebanadas a la mezcla de la crema, revolver bien para que la crema las cubra. Regresar la olla al fuego y hervir a fuego alto. Reducir al fuego bajo y dejar cocinar durante 10 minutos, re-

volver ocasionalmente. Retirar el laurel. Incorporar el resto de las hierbas, reservar para que se enfríe durante 20 minutos.
3 Precalentar el horno a 200°C (400°F). Dividir la pasta en 2 porciones. Extender una entre 2 hojas de papel encerado hasta formar un círculo que cubra la base y las orillas del molde. Forrarlo, acomodar la mitad de las papas, esparcir el ajo picado y la mitad del queso, sazonar. Acomodar el resto de las papas y sazonar otra vez. Esparcir el queso.
4 Extender la otra parte de la pasta y formar un círculo que cubra el pay. Barnizar la orilla del pay con huevo batido y cubrir con la pasta. Cortar las orillas. Ha-

cer un hoyo pequeño en el centro del pay. Extender los recortes de la pasta y hacer figuras para decorar. Barnizar con huevo batido y hornear 10 minutos.
5 Reducir la temperatura del horno a 180°C (350°F) y hornear 1 hora 5 minutos. A la mitad de la cocción se puede tapar el pay con aluminio si se está dorando muy rápido. Insertar un palillo metálico o la punta de un cuchillo para verificar si las papas están cocidas.

VALOR NUTRICIONAL POR PORCIÓN (8)
Proteínas 11.5g; Grasa 33g; Carbohidratos 38.5g; Fibra dietética 2.5g; Colesterol 95.5mg; 2085kJ (500cal)

Revolver las hierbas con la mezcla de papas y crema.

Esparcir el resto del queso cheddar sobre las rebanadas de papa.

PAY MEDITERRÁNEO

Tiempo de preparación: 25 minutos
+ 20 minutos para refrigerar
Tiempo total de cocción: 35 minutos
Porciones: 4

Pasta
3 tazas (375g) de harina
1 huevo, ligeramente batido
½ taza (125ml) de suero de leche
100ml de aceite de oliva

2 cucharadas de aceite de oliva
100g de champiñones, rebanados
400g de jitomate picado
    en lata, escurridos
100g de salami, en rebanadas
170g de alcachofas en lata, escurridas
4 cucharadas de albahaca fresca, picada
    gruesa
⅔ de taza (100g) de queso mozzarella,
    rallado
¼ de taza (25g) de queso parmesano,
    rallado
leche para barnizar

1 Precalentar el horno a 210°C (415°F).
Engrasar una charola y ponerla a calentar en el horno. En un tazón grande cernir el harina, agregar el huevo, el suero de
leche y el aceite, con una cuchara de metal revolver hasta que se integre todo y
esté suave. Se puede agregar un poco más
de agua si la masa está seca. Pasarla a
una superficie lisa y enharinada, hacer una
pelota. Tapar con plástico y refrigerar 20
minutos.

2 En un sartén grande calentar a fuego
medio el aceite y freír los champiñones
durante 5 minutos o hasta que estén suaves y ligeramente cafés.

3 Dividir la masa a la mitad y extender
cada una entre 2 hojas de papel encerado hasta tener 2 círculos de 30cm. Poner
encima de uno de los círculos una capa
de jitomate, salami, champiñones, alcachofas, hojas de albahaca, mozzarella y parmesano, dejar 2cm de borde. Sazonar con
sal y pimienta recién molida.

4 Barnizar los bordes con leche y poner
encima el otro círculo, sellar las orillas y
hacer 3 aberturas en la tapa. Barnizar con
leche y colocar el pay sobre la charola
caliente, hornear 30 minutos o hasta que
esté dorado.

VALOR NUTRICIONAL POR PORCIÓN
Proteínas 29.5g; Grasa 51.5g; Carbohidratos
75g; Fibra dietética 6.5g; Colesterol 94.5mg;
3675kJ (880cal)

Moldear la masa y formar una pelota.

*Barnizar los bordes de la pasta con un
poco de leche.*

PAY DE CAMARONES EN MOLDE

Tiempo de preparación: 30 minutos
Tiempo total de cocción: 40 minutos
Porciones: 4

2 cucharadas de aceite de cacahuate
1 jengibre fresco de 5x5cm, pelado
  y rallado
3 dientes de ajo, picados
1.5kg de camarones medianos, crudos,
  pelados y sin vena
¼ de taza (60ml) de salsa de chile dulce
⅓ de taza (80ml) de jugo de limón
1 ½ cucharaditas de salsa de pescado
⅓ de taza (80ml) de crema
4 cucharadas de hojas de cilantro,
  picado
375g de pasta para pay (ver Pág. 5)
1 huevo, ligeramente batido
leche para barnizar

1 Precalentar el horno a 200°C (400°F). Engrasar una charola para horno y ponerla en el horno a calentar. En un sartén o en un wok calentar a fuego medio-alto el aceite de cacahuate y freír el jengibre, el ajo y los camarones durante 2 ó 3 minutos. Retirar los camarones, agregar la salsa de chile, el jugo de limón, la salsa de pescado y la crema, cocinar a fuego medio durante 5 minutos o hasta que la salsa se haya reducido ⅓. Regresar los camarones e incorporar el cilantro.

2 Extender la pasta entre 2 hojas de papel encerado y cortar 4 círculos para tapar moldes de 1 ½ tazas (375ml) de capacidad. Dividir el relleno entre los moldes y humedecer las orillas con leche. Pegar la pasta, presionar las orillas para sellar. Cortar un agujero pequeño en cada tapa para que salga el vapor. Barnizar con huevo. Hornear 30 minutos o hasta que tome un ligero color café.

VALOR NUTRICIONAL POR PORCIÓN

Proteínas 85g; Grasa 46g; Carbohidratos 42.5g; Fibra dietética 3g; Colesterol 657mg; 3870kJ (925cal)

Cocinar la mezcla hasta que espese y se haya reducido 1/3.

Regresar los camarones y agregar el cilantro a la mezcla.

Tapar los moldes con círculos de pasta.

PAY DE CARNE

Tiempo de preparación: 30 minutos
+ tiempo para enfriar
+ 20 minutos para refrigerar
Tiempo total de cocción: 1 hora 45 minutos
Porciones: 6

1 cucharada de aceite
1 cebolla, picada
1 diente de ajo, machacado
750g de carne de res, molida
1 taza (250ml) de caldo de res
1 taza (250ml) de cerveza
1 cucharada de pasta de jitomate
1 cucharada de extracto de levadura
    vegetal
1 cucharada de salsa inglesa
2 cucharaditas de maicena
375g de pasta para pay
    (ver Pág. 5)
375g de pasta de hojaldre
    (ver Pág. 6)
1 huevo, ligeramente batido

1 En una olla grande calentar a fuego medio el aceite, agregar la cebolla y freír durante 5 minutos o hasta que esté dorada. Aumentar el fuego e incorporar la carne molida y el ajo, cocinar 5 minutos o hasta que la carne cambie de color.

2 Añadir el caldo, la cerveza, el jitomate, la levadura, la salsa inglesa y ½ taza (125ml) de agua. Reducir el calor a medio y cocinar durante 1 hora o hasta que casi se haya evaporado todo el líquido. Diluir la maicena en una cucharada de agua y agregarlo a la carne, revolver y cocinar durante 5 minutos o hasta que espese. Retirar del fuego y dejar enfriar completamente.

3 Engrasar un molde para pay de 23cm. Extender la pasta hasta que cubra el fondo, las orillas del molde y que salga un poco. Forrar el molde.

4 Extender la pasta de hojaldre y formar un círculo de 24cm. Poner la mezcla de carne sobre la pasta para pay y emparejar el relleno. Barnizar las orillas del pay con huevo, poner encima la capa de pas-

ta de hojaldre. Cortar la pasta excedente con un cuchillo. Presionar ambas pastas para sellar, hacer ondulaciones con un tenedor o con los dedos y refrigerar 20 minutos. Precalentar el horno a 200°C (400°F) y calentar una charola.

5 Barnizar con el resto del huevo la tapa del pay, colocarlo sobre la charola caliente y ponerla en la rejilla más baja del horno (esto sirve para que la costra del pay se haga más crujiente), hornear 25-30 minutos o hasta que esté dorado y se haya inflado.

VALOR NUTRICIONAL POR PORCIÓN
Proteínas 38g; Grasa 43.5g; Carbohidratos 52g; Fibra dietética 2.5g; Colesterol 129.5mg; 3120kJ (745cal)

Rellenar el pay con la mezcla de carne.

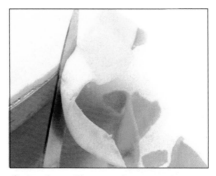

Quitar las orillas excedentes con un cuchillo.

PAY DE CALABAZA, PORO Y ELOTE

Tiempo de preparación: 30 minutos
+ tiempo para enfriar
Tiempo total de cocción: 1 hora
15 minutos
Porciones: 6

⅓ de taza (80ml) de aceite de oliva

2 poros, en rebanadas delgadas

1 calabaza butternut (1.7kg), pelada, sin semillas y en cubos de 1cm

3 elotes

1 ½ tazas (185g) de queso cheddar

1 cucharadita de romero fresco, picado

½ taza (15g) de perejil liso, picado

12 hojas de pasta filo

5 huevos, ligeramente batidos

2 dientes de ajo grandes, machacados

1 Precalentar el horno a 180°C (350°F). Engrasar un refractario para horno de 32x24cm y de 6cm de profundidad.
2 En una olla pequeña calentar a fuego medio 1 cucharada de aceite y freír el poro y el ajo durante 10 minutos, revolver oca-

sionalmente hasta que estén suaves y ligeramente dorados. Transferir a un tazón grande y dejar enfriar.
3 Cocer la calabaza en agua hirviendo durante 5 minutos o hasta que esté tierna. Colar y dejar enfriar. Cocer los elotes en una olla grande con agua hirviendo durante 7-8 minutos o hasta que estén tiernos. Colar y dejar enfriar, rebanar los granos. Incorporar la calabaza y los elotes al tazón con ajo y poro, añadir el queso, el romero y el perejil, sazonar y revolver todo.
4 Colocar la pasta filo sobre una superficie de trabajo y tapar con una toalla húmeda para evitar que se seque. Engrasar una hoja de pasta filo con aceite y colo-

carla sobre el refractario, acomodar 5 capas más de pasta en el refractario, engrasar todas menos la última.
5 Añadir los huevos a la mezcla de la calabaza y ponerla sobre las hojas de pasta filo. Tapar con el resto de las hojas, barnizar cada capa con aceite, unir las orillas de la pasta en un lado del refractario. Hornear durante 1 hora o hasta que la pasta esté café-dorado y el relleno esté cuajado. Servir inmediatamente.

VALOR NUTRICIONAL POR PORCIÓN
Proteínas 22g; Grasa 29g; Carbohidratos 37.5g; Fibra dietética 6g; Colesterol 180.5mg; 2080kJ (495cal)

Poner la mezcla de la calabaza y elote en el refractario con pasta filo.

Unir las orillas de pasta filo en un lado del refractario.

PAYS CHINOS DE PUERCO BARBECUE

Tiempo de preparación: 35 minutos
+ 1 hora para refrigerar
Tiempo total de cocción: 45 minutos
Porciones: 4

2 cucharadas de maicena
¼ de taza (60ml) de salsa de ostión
¼ de taza (60ml) de vino de arroz
2 cucharadas de salsa de soya dulce
2 cucharadas de jugo de limón
1 cucharada de jengibre fresco, rallado
½ cucharadita de pimienta blanca, molida
400g de cerdo barbecue chino, en cubos de 1cm
150g de chícharos chinos, rebanados
2 tazas (100g) de col china, rebanada finamente
375g de pasta para pay (ver Pág. 5)
375g de pasta de hojaldre (ver Pág. 6)
leche para barnizar
1 cucharadita de semillas de ajonjolí

1 Precalentar el horno a 180°C (350°F). Engrasar 4 moldes para pay de 11cm. Disolver la maicena con 2 cucharadas de agua. Calentar a fuego bajo un sartén, poner la salsa de ostión, el vino de arroz, la salsa de soya, el jugo de limón, el jengibre, la pimienta blanca y la maicena disuelta. Cocinar durante 2 minutos o hasta que esté muy espesa. Agregar el cerdo, los chícharos y la col. Cocinar revolviendo durante 5 minutos. Dejar enfriar durante 1 hora.
2 Extender la pasta para pay y cortar 4 círculos de 16cm de diámetro. Forrar los moldes para pay con la pasta y refrigerar.

3 Cuando el relleno esté frío, ponerlo en los moldes con pasta. Extender la pasta de hojaldre y cortar 4 círculos para cubrir los pays. Taparlos y cortar el exceso de pasta. Sellar con un tenedor las orillas y hacer unos agujeros en el centro. Barnizar con leche y esparcir las semillas de ajonjolí. Hornear 35 minutos o hasta que estén dorados.

VALOR NUTRICIONAL POR PAY
Proteínas 35g; Grasa 60.5g; Carbohidratos 86g; Fibra dietética 7g; Colesterol 112.5mg; 4360kJ (1040cal)

Agregar el cerdo, los chícharos y la col, revolver y cocinar 5 minutos.

Cortar 4 círculos de 16cm de pasta para pay y forrar los moldes.

Cortar 4 círculos de pasta de hojaldre para tapar los pays.

COBBLER DE CORDERO Y ROMERO

Tiempo de preparación: 30 minutos
Tiempo total de cocción: 2 horas
Porciones: 4-6

600g de pierna de cordero, sin hueso
    y cortada en pedazos de 2cm
¼ de taza (30g) de harina,
    bien sazonada con sal y pimienta
20g de mantequilla
2 cucharadas de aceite de oliva
8 cebollas de cambray, picadas
3 dientes de ajo, machacados
2 tazas (500ml) de caldo de res
1 taza (250ml) de vino blanco seco
2 cucharaditas de mostaza con granos
    enteros
2 cucharaditas de romero fresco, picado
2 tallos de apio, en rebanadas
1 cucharadita de ralladura de cáscara
    de limón
1 cucharadita de jugo de limón
½ taza (125g) de crema ácida

Cubierta del cobbler
¾ de taza (185ml) de leche
1 huevo
40g de mantequilla derretida
1 ½ tazas (185g) de harina
2 cucharaditas de polvo para hornear
1 cucharadita de romero fresco,
    picado
2 cucharadas de perejil liso, picado

1 En una bolsa de plástico poner el cordero y el harina. Sacudir hasta que los pedazos de cordero queden cubiertos con harina.

2 En una olla grande calentar a fuego alto 1 cucharada de aceite de oliva, cocer la mitad del cordero durante 5 minutos o hasta que tenga color café. Retirar de la olla y agregar el resto del aceite, freír la otra mitad de la carne y retirar.

3 Añadir la mitad de las cebollas junto con el ajo y freír 30 segundos o hasta que la cebolla esté suave. Regresar el cordero a la olla, añadir el caldo, el vino, la mostaza, el romero, el apio, el jugo y la ralladura de limón, hervir. Reducir el fuego y dejar cocinar durante 1 hora 15 minutos, revolver ocasionalmente. Retirar cuando la carne esté tierna y la salsa haya espesado.

4 Retirar del fuego y mezclar la crema con un poco de la salsa, verter la crema revuelta en la mezcla de cordero junto con el resto de las cebollas. Dejar enfriar.

5 Precalentar el horno a 190°C (375°F). Para hacer la cubierta del cobbler: En un tazón combinar la leche, el huevo y la mantequilla derretida, agregar el harina cernida junto con el polvo para hornear, las hierbas, 1 cucharadita de sal y un poco de pimienta recién molida. Revolver hasta obtener una mezcla espesa y pegajosa - se puede agregar un poco más de harina si la pasta está muy líquida o un poco más de leche si está muy espesa.

6 Verter la mezcla de cordero en un molde para pay de 23cm, con la ayuda de 2 cucharas cubrir el relleno, poner encima la cubierta, dejar espacio entre cada cucharada porque esta mezcla se extiende. Cocinar 30 minutos o hasta que esté dorado y se haya inflado la cubierta.

VALOR NUTRICIONAL POR PORCIÓN (6)
Proteínas 31g; Grasa 27.5g; Carbohidratos 31g; Fibra dietética 2.5g; Colesterol 153mg; 2180kJ (520cal)

En una bolsa de plástico poner el harina con el cordero y sacudir hasta que los pedazos queden cubiertos.

Cocer la carne hasta que esté café.

Dejar cocinar la mezcla hasta que la carne esté tierna y la salsa espese.

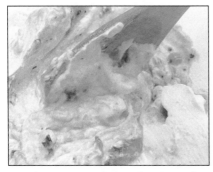

Mezclar un poco de la salsa de cordero con la crema.

Revolver la mezcla hasta que esté pegajosa y espesa.

Con 2 cucharas cubrir el relleno, poner encima la mezcla, dejar espacio entre cada cucharada.

PAY COTTAGE

Tiempo de preparación: 30 minutos
Tiempo total de cocción: 1 hora
   30 minutos
Porciones: 6-8

2 cucharadas de aceite de oliva
2 cebollas, picadas
2 zanahorias, en cubos
1 tallo de apio, en cubos
1 kg de carne de res, molida
2 cucharadas de harina
1 ½ tazas (375ml) de caldo
   de res
1 cucharada de salsa de soya
1 cucharada de salsa inglesa
2 cucharadas de salsa de jitomate
1 cucharada de pasta de jitomate
2 hojas de laurel
2 cucharaditas de perejil liso picado

Cubierta
800g de papas, cortadas en cubos
   de 2cm
400g de chirivía, en cubos
   de 2cm
30g de mantequilla
½ taza (125ml) de leche

1 En un sartén grande calentar a fuego medio el aceite y freír la cebolla, la zanahoria y el apio revolviendo ocasionalmente durante 5 minutos o hasta que la cebolla esté suave y tenga un ligero color. Agregar la carne molida y cocinar 7 minutos, incorporar el harina y cocinar otros 2 minutos. Añadir el caldo, la salsa de soya, la salsa inglesa, la salsa y la pasta de jitomate y el laurel, cocinar a fuego bajo durante 30 minutos, revolver ocasionalmente. Retirar del fuego y dejar enfriar. Sacar el laurel y añadir el perejil.

2 Para hacer la cubierta: Poner en una olla grande las papas, la chirivía y ½ cucharadita de sal, cubrir con agua y hervir. Cocinar a fuego medio durante 15-20 minutos o hasta que estén suaves y cocidas. Colar, regresar a la olla y hacerlas puré, incorporar la leche.

3 Precalentar el horno a 180°C (350°F). Engrasar una cacerola grande resistente al calor. Poner el relleno de carne en la cacerola, untar encima la cubierta de papa. Hornear 25 minutos o hasta que tome color dorado.

VALOR NUTRICIONAL POR PORCIÓN (8)
Proteínas 30.5g; Grasa 18g; Carbohidratos 26.5g; Fibra dietética 4g; Colesterol 78mg; 1640kJ (390cal).

Hacer puré las papas y la chirivía.

Poner la mezcla fría de carne en la cacerola.

MINI PAYS DE OSTRAS

Tiempo de preparación: 30 minutos
+ 20 minutos para enfriar
Tiempo total de cocción: 45 minutos
Porciones: 30

2 tazas (500ml) de caldo de pescado
1 cucharada de aceite de oliva
2 poros, picados
30g de mantequilla
1 cucharada de harina
1 cucharadita de jugo de limón
1 cucharadita de cebollín, picado
8 hojas de pasta de hojaldre
    (ver Pág. 6)
30 ostras frescas
1 huevo ligeramente batido

1 En una olla calentar el caldo de pescado a fuego medio durante 15 minutos o hasta que se haya reducido a la mitad - se necesita 1 taza (250ml).

2 En una olla calentar a fuego medio el aceite, freír el poro revolviendo durante 5 minutos o hasta que esté suave y con un poco de color. Transferir a un tazón pequeño y dejar enfriar.

3 En una olla pequeña derretir a fuego bajo la mantequilla. Agregar el harina y cocinar revolviendo bien durante 2 minutos o hasta que el harina esté dorada. Retirar del fuego y poco a poco añadir el caldo de pescado, revolver bien. Regresar al fuego y hervir, revolver constantemente durante 2 minutos o hasta que la mezcla esté espesa. Incorporar el jugo de limón, el cebollín y el poro, sazonar con sal y pimienta. Reservar para que se enfríe durante 20 minutos. Precalentar el horno a 200°C (400°F), engrasar 2 charolas para hornear.

4 Con un cortador de 6cm, cortar 30 círculos de pasta. Poner 1 ostra y una cucharadita copeteada del relleno en cada uno, dejar un borde. Barnizar las orillas con huevo batido.

5 Cortar 30 círculos de 8cm del resto de la pasta. Tapar los círculos rellenos y presionar las orillas con un tenedor para sellar. Barnizar con huevo batido, poner los pays sobre las charolas y hornear 15-20 minutos o hasta que estén dorados y hayan esponjado.

VALOR NUTRICIONAL POR PAY
Proteínas 3.5g; Grasa 12g; Carbohidratos 16.5g; Fibra dietética 1g; Colesterol 24mg; 785kJ (190cal)

Agregar poco a poco el caldo, hervir y revolver constantemente hasta espesar.

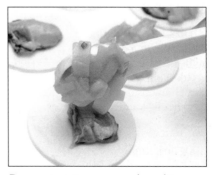

Poner una ostra y una cucharadita copeteada de relleno en cada círculo de pasta.

PAY DE PAPAS CON POLLO Y LIMÓN EN CONSERVA

Tiempo de preparación: 40 minutos
+ 20 minutos Para refrigerar
+ tiempo para enfriar
Tiempo total de cocción: 1 hora
15 minutos
Porciones: 4-6

2 cucharadas de aceite de oliva
2 poros, en rebanadas delgadas
¾ de limón en conserva, sacar la pulpa,
    enjuagar la cáscara y cortarla
    en tiras
1kg de filetes de muslo de pollo,
    cortado en pedazos chicos
2 cucharadas de harina
1 taza (250ml) de caldo de pollo
250g de papas, en rebanadas
    delgadas
2 cucharadas de perejil liso, picado
1 huevo, ligeramente batido

Pasta
500g de harina
½ cucharadita de bicarbonato
60g de mantequilla, fría
    y en cubos

60g de manteca fría y en cubos
3-4 cucharadas de agua helada
1 huevo, ligeramente batido

1 En una olla calentar a fuego medio el aceite y freír el poro durante 2-3 minutos o hasta que esté dorado. Agregar el limón en conserva y cocinar 3 minutos o hasta que suelte el olor. Retirar del sartén.

2 Añadir un poco más de aceite y freír el pollo en tandas, mover durante 5 minutos o hasta que esté café. Regresar el pollo, el poro y el limón al sartén. Espolvorear la mantequilla, cocer revolviendo durante 2 minutos o hasta que el harina se haya integrado.

3 Verter gradualmente el caldo de pollo, agregar las papas y hervir. Reducir el fuego y dejar cocinar 7 minutos o hasta que espese ligeramente. Revolver el perejil. Transferir a un tazón y dejar enfriar.

4 Para hacer la pasta: En un tazón grande cernir el harina con una pizca de sal y el bicarbonato, con los dedos frotar con la mantequilla y la manteca hasta que forme moronas finas. Hacer una fuente y agregar casi toda el agua, mezclar con un cuchillo sin filo haciendo movimientos cortantes hasta formar moronas grandes, agregar más agua si es necesario

5 Poner la pasta en una superficie enharinada y formar una bola, tapar con plástico y refrigerar 20 minutos. Precalentar

el horno a 200°C (400°F). Calentar una charola para horno.

6 Poner el relleno en un molde para pay de 26cm. Extender la pasta entre 2 hojas de papel encerado para hacer la tapa. Colocarla encima del molde con relleno y cortar el exceso. Presionar las orillas para sellar. Hacer unos cortes sobre la pasta y decorar el pay con los recortes. Barnizar con huevo, colocarlo sobre la charola caliente y hornear durante 35-40 minutos o hasta que la costra esté dorada y crujiente.

VALOR NUTRICIONAL POR PORCIÓN (6)
Proteínas 40g; Grasa 39g; Carbohidratos 40g;
Fibra dietética 3.5g; Colesterol 240mg; 2795kJ
(655cal)

Agregar el perejil cuando la mezcla de pollo haya espesado un poco.

PAY DE PATO LAQUEADO CON ESPECIAS CHINAS

Tiempo de preparación: 50 minutos
+ 30 minutos para refrigerar
+ tiempo para enfriar
Tiempo cocción: 1 hora
Porciones: 4

2 tazas (250g) de harina
2 cucharaditas de polvo para hornear
50g de manteca, fría y rallada
⅓ de taza (80ml) de aceite vegetal
1 cucharada + 1 cucharadita de aceite de ajonjolí
1 diente de ajo, finamente picado
2 cucharaditas de jengibre fresco, finamente picado
150g de champiñones ostra, en rebanadas
1 pato laqueado (se compra en tiendas chinas), la carne deshebrada en tiras de 2 a 3 cm
3 cebollas de cambray, cortadas en pedazos de 3cm
4 cebollas de cambray, en rebanadas finas
1 cucharadita de azúcar
1 cucharadita de pimienta Sechuán, molida
¼ de taza (30g) de harina
¼ de taza (60ml) de vino de arroz chino
1 ½ tazas (375ml) de caldo de pollo
1 cucharada de salsa de soya, baja en sodio

1 En un tazón cernir el harina, el polvo para hornear y la sal. Con los dedos frotar la manteca con el harina hasta formar moronas finas. Hacer una fuente y agregar poco a poco ¾ de taza (185ml) de agua. Con una cuchara de madera incorporar el agua, agregar gradualmente el harina al centro del tazón hasta que se forme una pasta suave y homogénea.
2 Hacer una pelota con la pasta y envolver con plástico, refrigerar durante 30 minutos.
3 En una olla calentar a fuego medio el aceite y una cucharadita de semillas de ajonjolí, freír. Añadir el ajo y el jengibre y cocinar 2 minutos, agregar los champiñones, la carne de pato, las 3 cebollas de cambray, el azúcar, la pimienta Sechuán y una pizca de sal, cocinar por 3 ó 4 mi-

nutos. Incorporar el harina y cocinar 2 minutos, revolviendo. Verter el vino de arroz, revolver, agregar el caldo y la soya. Hervir y reducir el fuego, cocinar revolviendo durante 2 ó 3 minutos o hasta que la mezcla esté espesa. Retirar del fuego y dejar enfriar.
4 Precalentar el horno a 180°C (350°F). Engrasar 4 moldes para pay de 11cm. Enrollar la pasta en forma de tronco y dividirla en 8 porciones. En un tazón pequeño combinar el resto de las verduras con el aceite de ajonjolí. Extender cada pedazo de pasta en círculos de 10cm, barnizar con un poco de la mezcla de aceite y espolvorear las 4 cebollas rebanadas. Enrollar los discos en troncos pequeños y aplanar en forma de pastel.
5 Extender 4 de los pasteles de masa y hacer discos de 16cm. Forrar los moldes y rellenar con la mezcla de pato. Extender los otros 4 pasteles de masa en círculos de 15cm y ponerlos como tapa sobre los moldes. Presionar la orilla con un te-

nedor para sellar. Barnizar con un poco de la mezcla de aceite y hornear durante 40 ó 45 minutos hasta que estén dorados.

VALOR NUTRICIONAL POR PAY
Proteínas 29.5g; Grasa 45.5g; Carbohidratos 55.5g; Fibra dietética 5g; Colesterol 120mg; 3175kJ (760cal)

Rellenar con la mezcla de pato los moldes forrados con la masa.

PAY DE JAMÓN CON QUESO Y PAPAS

Tiempo de preparación: 25 minutos
+ tiempo para enfriar
+ 10 minutos para reposar
Tiempo total de cocción: 1 hora
45 minutos
Porciones: 6-8

¼ de taza (60ml) de aceite de oliva
3 cebollas, finamente picadas
1 diente de ajo, finamente picado
300g de jamón, picado
430g de papas, peladas y cortadas
en cubos
2 tazas (250g) de queso cheddar,
rallado
2 huevos
⅓ de taza (80ml) de crema
2 cucharaditas de cebollín fresco,
picado
4 hojas de pasta de hojaldre
1 huevo, ligeramente batido

1 En un sartén grande calentar a fuego medio el aceite. Freír la cebolla y el ajo, revolver ocasionalmente durante 5 ó 7 minutos o hasta que la cebolla esté suave.

Añadir el jamón y las papas, continuar la cocción, revolviendo de vez en cuando, durante 5 ó 7 minutos o hasta que las papas se hayan suavizado un poco. Transferir a un tazón grande y revolver el queso cheddar.

2 Mezclar los huevos con la crema y verter al tazón. Añadir el cebollín y revolver bien. Sazonar con sal y pimienta recién molida. Reservar y dejar enfriar.

3 Precalentar el horno a 200°C (400°F). Engrasar un molde para pay de 23cm. Forrar en molde con 2 hojas de pasta de hojaldre y barnizar las orillas con huevo batido. Rellenar con la mezcla de jamón.

4 Cortar el resto de la pasta de hojaldre en 4 partes y cada parte en 3 porciones.

Colocar las tiras alrededor del pay encimando una sobre ⅓ parte de la otra, dejar el centro descubierto. Presionar las orillas para pegar la pasta del molde con la tapa, cortar el exceso con un cuchillo

5 Barnizar la tapa del pay con el huevo batido, hornear durante 30 minutos. Reducir la temperatura a 180°C (350°F) y continuar la cocción durante 1 hora. Si el pay toma color muy rápido taparlo con aluminio. Dejar reposar 10 minutos antes de rebanarlo.

VALOR NUTRICIONAL POR PORCIÓN (8)
Proteínas 24g; Grasa 44g; Carbohidratos 39g; Fibra dietética 2.5g; Colesterol 153mg; 2700kJ (645cal)

Verter la mezcla de crema, huevos y jamón al tazón.

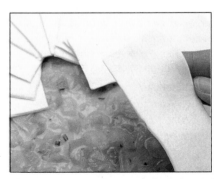

Encimar las tiras de pasta alrededor del pay, dejar el centro sin cubrir.

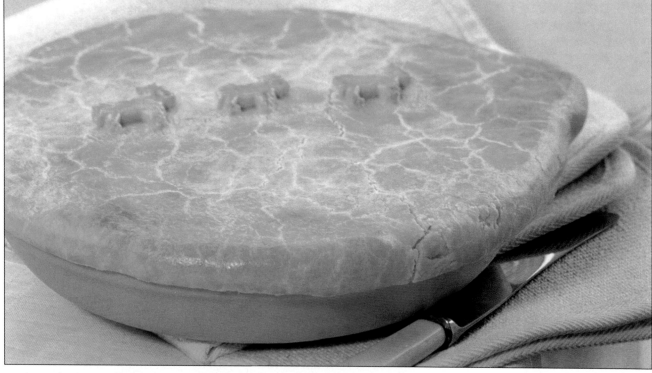

PAY DE TERNERA Y PIMIENTOS

Tiempo de preparación: 40 minutos
+ 10 minutos para reposar
+ tiempo para enfriar
Tiempo total de cocción: 2 horas
Porciones: 6

⅓ de taza (80ml) de aceite de oliva
3 pimientos, sin semillas, desvenados
    y cortados en pedazos de 2.5cm
2 dientes de ajo, machacados
1kg de cuello, hombro o pecho
    de ternera, limpio y cortado
    en pedazos de 2.5cm
¼ de taza (30g) de harina, sazonada
40g de mantequilla
2 cebollas, finamente picadas
8 echalotes, pelados
¼ cucharadita de pimienta de cayena
2 cucharaditas de vinagre
    de vino tinto
¾ de taza (185ml) de caldo de pollo
2 cucharadas de perejil liso, picado
375g de pasta para pay (ver Pág. 5)
1 huevo, ligeramente batido

1 En una olla grande calentar a fuego medio la mitad del aceite. Freír los pimientos durante 2 ó 3 minutos. Añadir el ajo, tapar la olla y reducir a fuego bajo. Dejar cocinar 5 minutos y retirar de la olla.
2 Poner en una bolsa de plástico los pedazos de ternera y el harina. Sacudir la bolsa para enharinar la ternera. En la misma olla donde estaban los pimientos calentar a fuego alto la mantequilla y el resto del aceite, freír la ternera por tandas hasta que esté café. Regresar toda la carne a la olla, agregar la cebolla, los echalotes y la pimienta de cayena. Reducir a fuego bajo, cocinar tapada durante 10 minutos. Incorporar el vinagre, tapar y apagar el fuego. Dejar reposar 10 minutos.
3 Añadir el pimiento, el caldo y el perejil, hervir y reducir el calor a fuego bajo. Tapar y dejar cocinar 20 minutos o hasta que la carne esté suave.
4 Destapar y cocinar por otros 30 ó 40 minutos hasta que el líquido se haya reducido, esté espesa y oscura. Sazonar al gusto y dejar enfriar un poco. Precalentar el horno a 200°C (400°F) y precalentar una charola para horno. Engrasar un molde para pay de 23cm.
5 Poner el relleno en el molde y emparejar la superficie. Extender la pasta entre 2

hojas de papel encerado, el tamaño debe ser un poco más grande que el molde. Tapar el relleno y presionar la pasta sobre las orillas para sellar. Cortar el exceso de pasta y barnizar la superficie con huevo.
6 Extender los sobrantes de pasta y cortar con un molde 2 ó 3 vacas. Acomodar la decoración sobre la superficie del pay y barnizar con huevo. Colocarlo sobre la charola caliente y hornear 30 minutos o hasta que esté dorado.

VALOR NUTRICIONAL POR PORCIÓN
Proteínas 44g; Grasa 36.5g; Carbohidratos 33g; Fibra dietética 2.5g; Colesterol 201mg; 2660kJ (635cal)

Poner el relleno en el molde y emparejar la superficie.

PAY DE RES CON CEBOLLA CARAMELIZADA

Tiempo de preparación: 40 minutos
+ 20 minutos para enfriar
Tiempo total de cocción: 2 horas
20 minutos
Porciones: 6-8

⅓ de taza (80ml) de aceite
2 cebollas moradas grandes,
en rebanadas delgadas
1 cucharadita de azúcar moscabado
1kg de rabadilla de res, cortada
en cubos de 2cm
¼ de taza (30g) de harina, sazonada
2 dientes de ajo, machacado
225g de champiñones, rebanados
1 taza (250ml) de caldo de res
150ml de cerveza oscura
1 cucharada de pasta de jitomate
1 cucharada de salsa inglesa
1 cucharada de tomillo fresco, picado
350g de papas, cortadas en pedazos
de 1.5cm
2 zanahorias, cortadas en pedazos
de 1.5cm
600g de pasta crujiente para pay
(ver Pág. 7)
1 huevo ligeramente batido

1 En una olla calentar a fuego medio 2 cucharadas de aceite y freír la cebolla durante 5 minutos o hasta que empiece a tomar color café, agregar el azúcar y cocinar por 7 u 8 minutos o hasta que se caramelice. Retirar de la olla y limpiarla.
2 Enharinar la carne de res. En la misma olla calentar a fuego alto el resto del aceite y cocer la carne por tandas hasta que tome color café. Regresar toda la carne a la olla y agregar el ajo y los champiñones, cocinar durante 2 minutos. Añadir el caldo, la cerveza, la pasta de jitomate, la salsa inglesa y el tomillo. Hervir y reducir a fuego bajo, dejar cocer tapada durante 1 hora. Añadir las zanahorias y las papas, cocer otros 30 minutos. Retirar y dejar enfriar.
3 Precalentar el horno a 190°C (375°F). Engrasar un refractario. Verter el relleno y acomodar encima la cebolla caramelizada. Extender la pasta entre 2 hojas de papel encerado hasta que quede 3cm más grande que el refractario. Cortar una tira

de 2cm del largo del borde del refractario, barnizar con agua y colocar encima la tira. Tapar el refractario con el resto de la pasta y presionar las orillas para unir. Con un cuchillo hacer pequeños cortes alrededor de la pasta. Extender los sobrantes y hacer decoraciones para el pay. Bar-

nizar con huevo y hornear 25 minutos o hasta que esté dorado.

VALOR NUTRICIONAL POR PORCIÓN (8)
Proteínas 36g; Grasa 32g; Carbohidratos 46.5g; Fibra dietética 3.5g; Colesterol 112.5mg; 2615kJ (625cal)

Colocar las cebollas caramelizadas sobre el relleno del pay.

Poner la tira de pasta sobre el borde del molde.

PAY ITALIANO DE CALABAZA ZUCCHINI

Tiempo de preparación: 30 minutos
+ 30 minutos para refrigerar
+ 30 minutos para escurrir.
Tiempo total de cocción: 55 minutos
Porciones: 6

2 ½ tazas (310g) de harina
⅓ de taza (180ml) de aceite de oliva
1 huevo, batido
3-4 cucharadas de agua helada

600g de calabaza zucchini
150g de queso provolone, rallado
120g de queso ricotta
3 huevos
2 dientes de ajo, machacados
2 cucharaditas de albahaca fresca, picada
1 pizca de nuez moscada
1 huevo, ligeramente batido

1 Para hacer la pasta: En un tazón cernir el harina y ½ cucharadita de sal, hacer una fuente. Combinar el aceite, el huevo y casi toda el agua. Agregarlo a la fuente de harina y revolver con un cuchillo sin filo, hacer movimientos cortantes hasta que la pasta forme moronas grandes. Hacer una bola con la pasta y envolverla en plástico. Refrigerar por 30 minutos.
2 Precalentar el horno a 200°C (400°F) y calentar una charola para horno. Engrasar un molde para pay de 23cm. Para hacer el relleno, rallar las calabazas, revolver con ¼ de cucharadita de sal. Poner en una coladera y dejar que escurra durante 30 minutos. Exprimir con las manos el exceso de líquido. Poner en un tazón las calabazas, el ricotta, el provolone, los huevos, el ajo, la albahaca y la nuez moscada. Sazonar y revolver bien.
3 Extender ⅔ partes de la pasta entre 2 hojas de papel encerado hasta que cubra el molde. Forrarlo.
4 Rellenar el molde y emparejar la superficie. Barnizar la pasta con huevo. Extender la pasta restante para hacer una tapa para el pay. Acomodarla sobre el relleno, cortar la pasta excedente y rizar presionando la orilla con los dedos. Picar la superficie con un tenedor. Barnizar con el huevo.

5 Extender los recortes de pasta y extender una tira de 30x10cm, con un cuchillo cortar en 9 tiras de 1cm de ancho. Tomar 3 tiras y trenzarlas, repetir el proceso con el resto. Recortar un poco las orillas y acomodar las trenzas de forma paralela sobre el pay. Barnizar con huevo. Hornear el pay sobre la charola durante 50 minutos o hasta que esté dorado.

VALOR NUTRICIONAL POR PORCIÓN
Proteínas 20.5g; Grasa 26.5g; Carbohidratos 40g; Fibra dietética 3.5g; Colesterol 184.5mg; 2010kJ (480cal)

Poner el relleno sobre la pasta y emparejar la superficie.

PAY DE CORDERO CON CHABACANO Y ESPECIAS DE LA INDIA

Tiempo de preparación: 40 minutos
+ 20 minutos para refrigerar
+ tiempo para enfriar
Tiempo total de cocción: 2 horas
45 minutos
Porciones: 8-10

Pasta
2 ½ tazas (310g) de harina
160g de mantequilla clarificada, fría
y cortada en pedazos pequeños
1 cucharadita de semillas de comino
1 cucharadita de azúcar
¼ - ½ taza (60-125ml) de agua helada
1.4 kg de hombro de cordero,
sin hueso y partido en cubos
de 1.5cm
1 taza (250g) de yogurt natural
2 cucharaditas de garam masala
1 ½ cucharadas de jengibre fresco,
rallado
1 cucharadita de chile en polvo
2 cucharaditas de mantequilla
clarificada
2 cebollas, rebanadas
3 dientes de ajo, machacados
1 chile verde grande, fresco y
finamente picado
6 vainas de cardamomo, machacadas
1 cucharadita de cilantro molido
2 cucharaditas de comino molido
2 latas de 425g c/u de jitomate
picado
100g de chabacanos deshidratados,
en mitades y remojados en 1 taza
(250ml) de agua caliente
½ taza (125g) de yogurt cremoso
natural (opcional)

1 Para hacer la pasta: En el procesador cernir el harina y agregar la mantequilla clarificada, el comino, el azúcar y 1 cucharadita de sal. Procesarlo hasta que se formen moronas finas, agregar gradualmente el agua hasta que la pasta forme moronas grandes. Juntar la pasta y colocarla sobre una superficie enharinada, hacer una bola y achatarla ligeramente como un disco. Refrigerar 20 minutos.

2 En un tazón grande combinar el cordero, el yogurt, el garam masala, el jengibre, el chile en polvo y ½ cucharadita de sal.

3 En una olla grande calentar a fuego medio la mantequilla clarificada y freír la cebolla durante 10 minutos o hasta que esté suave y dorada. Añadir el ajo, el chile fresco y cocinar 1 minuto, agregar el resto de las especias y cocinar un minuto más.

4 Añadir el cordero y el yogurt. Cocinar, revolviendo ocasionalmente, hasta que esté todo bien combinado. Incorporar el jitomate, hervir, reducir a fuego bajo y cocinar durante 1 hora 15 minutos, agregar los chabacanos y continuar con la cocción 15 minutos más o hasta que el cordero esté tierno. Reservar y dejar enfriar.

5 Precalentar el horno a 220°C (425°F). Precalentar una charola para horno. Engrasar un molde para pay de orilla rizada de 23cm. Extender ²/₃ de la pasta entre 2 hojas de papel encerado del tamaño del molde y forrarlo. Rellenar con la mezcla de cordero. Barnizar con agua las orillas de la pasta en el molde. Extender el resto de la pasta hasta formar una tapa para el pay. Colocar la tapa sobre el relleno, cortar el excedente y sellar presionando la tapa contra los bordes del molde. Hacer 2 ó 3 cortes en la superficie para dejar salir el vapor.

6 Colocar el pay sobre la charola caliente y ponerla en la rejilla más baja del horno. Hornear durante 30 minutos. Subir la charola a la rejilla de en medio y continuar con el horneado durante 30 minutos más. Dejar reposar 10 minutos antes de rebanar. Se puede servir con un poco de yogurt.

VALOR NUTRICIONAL POR PORCIÓN (10)
Proteínas 19g; Grasa 20.5g; Carbohidratos 33.5g; Fibra dietética 4g; Colesterol 94mg; 1660kJ (395cal)

NOTA

Esta pasta debe hacerse en el procesador porque lleva mantequilla clarificada, es muy difícil hacerla a mano. La consistencia de la mezcla de cordero es un poco aguada, una vez horneada espesa.

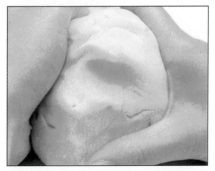

Colocar la pasta sobre una superficie enharinada y formar una bola con la pasta.

Agregar las especias a la mezcla de cebolla y cocinar 1 minuto más.

Poner la mezcla de cordero en el molde con pasta para pay.

Cortar el excedente de pasta y hacer unos cortes en la superficie del pay.

PAY DE CALABAZA Y QUESO FETA

Tiempo de preparación: 30 minutos
  + tiempo para enfriar
  + 20 minutos para refrigerar
Tiempo total de cocción: 1 hora
  25 minutos
Porciones: 6

700g de calabaza butternut, partida
  en pedazos de 2cm
4 dientes de ajo, sin pelar
5 cucharadas de aceite de oliva
2 cebollas moradas pequeñas,
  en rebanadas
1 cucharada de vinagre balsámico
1 cucharada de azúcar moscabado
100g de queso feta, en pedacitos
1 cucharada de romero fresco, picado

Pasta
2 tazas (250g) de harina
125g de mantequilla, fría y en cubos
½ taza (50g) de queso parmesano,
  rallado
3-4 cucharadas de agua helada

1 Precalentar el horno a 200°C (400°F). En una charola para horno poner la calabaza y los dientes de ajo, rociar 2 cucharadas de aceite y hornear por 25 ó 30 minutos o hasta que la calabaza esté tierna. Transferir la calabaza a un tazón grande y el ajo a un plato. Dejar enfriar la calabaza.
2 En un sartén calentar a fuego medio 2 cucharadas de aceite y freír la cebolla, revolviendo ocasionalmente, durante 10 minutos. Añadir el vinagre y el azúcar y cocinar 15 minutos o hasta que la cebolla esté caramelizada. Retirar del fuego y ponerla en el tazón de la calabaza, dejar enfriar completamente.
3 Para hacer la pasta: En un tazón grande cernir el harina y 1 cucharadita de sal. Con los dedos frotar la mantequilla con el harina hasta que se formen moronas finas. Agregar el parmesano y hacer una fuente, agregar casi toda el agua y mezclar con un cuchillo sin filo haciendo movimiento cortantes hasta que se formen moronas gruesas. Agregar un poco de agua si es necesario para integrar la pasta.
4 Juntar la pasta y ponerla sobre una superficie enharinada, hacer una pelota y achatarla ligeramente. Tapar con plástico y refrigerar 20 minutos.

5 Agregar el feta y el romero a la mezcla de calabaza, exprimir los ajos y revolver bien. Sazonar al gusto.
6 Extender la pasta entre 2 hojas de papel encerado hasta formar un círculo de 35cm. Forrar el molde y acomodar la mezcla de calabaza y queso, dejar un borde de pasta de 6cm. Doblar y plisar los bordes sobre el relleno, hornear 30 minutos o hasta que esté dorado y crujiente.

VALOR NUTRICIONAL POR PORCIÓN
Proteínas 13.5g; Grasa 38.5g; Carbohidratos 41.5g; Fibra dietética 3.5g; Colesterol 72.5mg; 2360kJ (565cal)

Doblar y plisar las orillas de la pasta sobre el relleno.

PAY DE GUACHINANGO CON VINO BLANCO

Tiempo de preparación: 20 minutos
Tiempo total de cocción: 1 hora
   20 minutos
Porciones: 4

2 cucharadas de aceite
4 cebollas, en rebanadas delgadas
¼ de taza (30g) de harina
2 tazas (500ml) de caldo de pescado
½ taza (125ml) de vino blanco seco
2 tazas (500ml) de crema
1 cucharada de cebollín fresco, picado
1kg de filetes de guachinango,
   sin piel y en pedazos de 2.5cm
2 cucharadas de aceite sabor a trufa
   (opcional)
1 hoja de pasta de hojaldre
   (ver Pág. 6)
1 huevo ligeramente batido

1 Precalentar el horno a 210°C (415°F).
En un sartén grande calentar el aceite y
freír la cebolla, revolver ocasionalmente
durante 20 minutos o hasta que tenga
un color café dorado y esté ligeramente
caramelizada. Añadir el harina y cocinar
revolviendo durante 1 minuto.
2 Agregar poco a poco el caldo de pescado y el vino, mezclar perfectamente y
hervir, cocinar 5 minutos o hasta que esté
espesa. Incorporar la crema y volver a hervir. Reducir a fuego bajo y cocinar 20 minutos o hasta que el líquido se haya
reducido a la mitad y esté espeso. Agregar
el pescado y el cebollín.
3 Dividir la mezcla entre 4 moldes para
horno con capacidad de 1¾ taza (440ml)
y poner ½ cucharadita de aceite de trufa
en cada pay.
4 Cortar la pasta de hojaldre en círculos
ligeramente más grandes que los moldes
y poner uno sobre cada recipiente, presionar la pasta para sellar. Barnizar con
el huevo batido y hacer un corte sobre la
pasta para dejar salir el vapor. Hornear
30 minutos o hasta que estén inflados,
crujientes y dorados.

VALOR NUTRICIONAL POR PAY
Proteínas 60.5g; Grasa 80g; Carbohidratos
30.5g; Fibra dietética 2g; Colesterol 378mg;
4595kJ (1100cal)

Agregar el cebollín a la mezcla y revolver.

*Colocar un círculo de pasta sobre cada
molde y presionar los bordes para sellar.*

PAYS DULCES

PAY DE FUDGE DE CHOCOLATE Y NUEZ

Tiempo de preparación: 30 minutos
+ 40 minutos para refrigerar
+ tiempo para enfriar
Tiempo total de cocción: 1 hora
20 minutos
Porciones: 6

Pasta
1 ¼ de taza (155g) de harina
2 cucharadas de cocoa en polvo
2 cucharadas de azúcar moscabado
100g de mantequilla, fría y en cubos
2-3 cucharadas de agua helada

2 tazas (200g) de nueces, picadas
en pedazos grandes
100g de chocolate amargo, picado
½ taza (95g) de azúcar moscabado
⅔ de taza (170ml) de jarabe de maíz
3 huevos, ligeramente batidos
2 cucharaditas de extracto de vainilla

1 Engrasar un molde para pay de 23cm. En un tazón cernir el harina, la cocoa y el azúcar. Con los dedos frotar la mantequilla con el harina hasta que se formen moronas finas. Hacer una fuente y agregar casi toda el agua, revolver usando un cuchillo sin filo haciendo movimientos cortantes, agregar más agua si es necesario.

2 Juntar la pasta y ponerla sobre papel encerado, aplastarla ligeramente y envolver en plástico. Refrigerar 20 minutos. Extender la pasta entre 2 hojas de papel encerado y forrar el molde, cortar el excedente de las orillas. Refrigerar 20 minutos.

3 Precalentar el horno a 180°C (350°F). Cubrir el molde forrado con papel encerado arrugado y encima poner frijoles o arroz crudo. Hornear 15 minutos, retirar el papel y el arroz y hornear otros 15 ó 20 minutos o hasta que la base esté seca. Dejar enfriar completamente.

4 Colocar el molde sobre una charola para horno por si se escurre un poco del relleno. Distribuir el chocolate en pedazos y las nueces sobre la base del pay. En un tazón o en una jarra combinar con un tenedor el azúcar, el jarabe de maíz, los huevos y la vainilla. Verter sobre la pasta horneada y hornear durante 45 minutos (el relleno debe seguir un poco aguado pero cuaja al enfriar). Dejar enfriar completamente antes de servir.

VALOR NUTRICIONAL POR PORCIÓN
Proteínas 10.5g; Grasa 45.5g; Carbohidratos 82.5g; Fibra dietética 4g; Colesterol 132mg; 3240kJ (775cal)

Con la ayuda de un rodillo poner la pasta extendida sobre el molde

Mezclar con un tenedor el azúcar, el jarabe de maíz, los huevos y la vainilla

PAYS INDIVIDUALES DE MANGO Y MARACUYÁ

Tiempo de preparación: 25 minutos
+ tiempo para refrigerar
Tiempo total de cocción: 25 minutos
Porciones: 6

750g de pasta para pay dulce
(ver Pág. 5)
3 mangos (900g), pelados
y la carne cortada en pedazos
o en rebanadas o 400g
de mango en lata, escurrido
y rebanado
¼ de taza (60g) de maracuyá,
la pulpa únicamente
1 cucharada de flan en polvo
⅓ de taza (90g) de azúcar refinada
1 huevo, ligeramente batido
azúcar glass

1 Precalentar el horno a 190°C (375°F).
Engrasar 6 moldes con orilla rizada de
10cm. Extender ⅔ partes de la pasta entre 2 hojas de papel encerado. Cortar 6
círculos de 13cm cada uno, forrar los moldes y cortar las orillas. Refrigerar mientras
se prepara el relleno.

2 En un tazón mezclar el mango, el maracuyá, el flan en polvo y el azúcar.

3 Extender el resto de la pasta entre 2
hojas de papel encerado. Cortar 6 círculos de 11cm cada uno. Extender los sobrantes y cortar figuras para decorar.

4 Rellenar los moldes con la mezcla de
mango y barnizar las orillas con huevo.
Colocar un círculo sobre cada uno y pegar presionando las orillas. Cortar el exceso de pasta. Barnizar las tapas con huevo
y espolvorear el azúcar glass. Hornear de
20 a 25 minutos o hasta que la pasta esté
dorada. Se pueden acompañar con crema.

VALOR NUTRICIONAL POR PAY

Proteínas 11g; Grasa 29g; Carbohidratos 85.5g;
Fibra dietética 6g; Colesterol 113.5mg; 2685kJ
(640cal)

Rellenar los moldes con los círculos de pasta y cortar los excedentes.

Rellenar los moldes con la mezcla de mango.

Decorar los pays con figuras hechas de los sobrantes de pasta.

PAY DE CALABAZA

Tiempo de preparación: 20 minutos
+ 40 minutos para refrigerar
+ tiempo para enfriar
Tiempo total de cocción: 1 hora
30 minutos
Porciones: 6-8

Pasta
1 ¼ de taza (155g) de harina
100g de mantequilla, fría
y en cubos
2 cucharaditas de azúcar refinada
4 cucharadas de agua helada

750g de calabaza butternut
o de castilla, en cubos
2 huevos, ligeramente batidos
1 taza (185g) de azúcar moscabado
⅓ de taza (80ml) de crema
1 cucharada de sherry dulce
o de brandy
½ cucharadita de jengibre en polvo
½ cucharadita de nuez moscada
en polvo
1 cucharadita de canela en polvo

1 En un tazón grande cernir el harina y con los dedos frotarla con la mantequilla hasta que se formen moronas finas. Agregar el azúcar y revolver. Hacer una fuente y agregar casi toda el agua. Con un cuchillo sin filo integrar los ingredientes con movimientos cortantes hasta que se formen moronas grandes, agregar más agua si es necesario.

2 Juntar la pasta y ponerla en una superficie enharinada. Hacer una bola y achatarla ligeramente. Tapar con plástico y refrigerar por 20 minutos.

3 Extender la pasta entre 2 hojas de papel encerado hasta que cubra la base y los lados de un molde para pay de 23cm. Forrarlo con la pasta, recortar los sobrantes y marcar todo el contorno con un tenedor. Tapar con plástico y refrigerar 20 minutos.

4 Precalentar el horno a 180°C (350°F). Cocer la calabaza en agua hirviendo hasta que esté tierna. Colar y hacerla puré. Pasarla por un colador y reservar en un tazón para que se enfríe.

5 Tapar con papel encerado arrugado la base y las orillas del molde con pasta, poner encima arroz o frijoles crudos, hor-

near 10 minutos, retirar el papel y el arroz y hornear 10 minutos más o hasta que esté dorada. Dejar enfriar.

6 En un tazón grande batir los huevos y el azúcar. Incorporar el puré frío de calabaza, la crema, el sherry y las especias. Verter la mezcla en la pasta y emparejar la superficie. Hornear 1 hora o hasta que haya cuajado. Si la pasta empieza a to-

mar color muy rápido cubrir el molde con papel aluminio. Dejar enfriar el pay antes de servirlo. Se puede acompañar con crema o con helado.

VALOR NUTRICIONAL POR PORCIÓN (8)
Proteínas 6g; Grasa 16.5g; Carbohidratos 45g; Fibra dietética 2g; Colesterol 90mg; 1470kJ (350cal)

Hornear la pasta 10 minutos, retirar el papel y el arroz y continuar horneando hasta que tome color dorado.

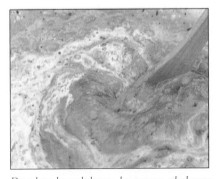

Revolver la calabaza, la crema, el sherry y las especias con la mezcla de huevo y azúcar.

PAY DE HIGOS Y NUECES MIXTAS

Tiempo de preparación: 40 minutos + 20 minutos para refrigerar
Tiempo total de cocción: 1 hora
Porciones: 8

375g de pasta para pay (ver Pág. 5)
200g de avellanas
100g de piñones
100g de almendras, en hojuelas
100g de almendras, sin piel
150ml de crema
60g de mantequilla sin sal
¼ de taza (90g) de miel
½ taza (95g) de azúcar moscabado
150g de higos deshidratados, en cuartos

1 Precalentar el horno a 200°C (400°F) y engrasar un molde para pay de 23cm. Extender la pasta entre 2 hojas de papel encerado para cubrir la base y las orillas del molde. Forrarlo y cortar el exceso de pasta. Con un cuchillo picar varias veces la base y marcar la orilla con un tenedor. Refrigerar 20 minutos. Hornear durante 15 minutos o hasta que esté crujiente, seco y ligeramente dorado. Dejar enfriar.

2 En un charola hornear las avellanas durante 8 minutos o hasta que empiecen a pelarse. Ponerlas sobre una toalla y tallarlas para quitar la piel. Poner sobre la charola los piñones, las hojuelas de almendra y las almendras peladas, hornear 5 ó 6 minutos o hasta que estén ligeramente doradas.

3 En una olla calentar a fuego medio la crema, la mantequilla, la miel y el azúcar, revolver hasta que el azúcar se haya disuelto y la mantequilla se haya derretido. Retirar del fuego y agregar las nueces y los higos. Verter la mezcla en el molde forrado y hornear 30 minutos. Retirar y dejar enfriar hasta que cuaje antes de rebanarlo. Se puede acompañar con helado de chocolate.

VALOR NUTRICIONAL POR PORCIÓN
Proteínas 11.5g; Grasa 57.5g; Carbohidratos 44g; Fibra dietética 5.5g; Colesterol 57.5mg; 3030kJ (725cal)

Cubrir el molde con pasta, dejar que las orillas cuelguen.

Cortar el exceso de pasta.

Poner la mezcla de higos y nueces en el molde forrado.

PAY DE CEREZA

Tiempo De preparación: 30 minutos
+ 1 hora para refrigerar
Tiempo total de cocción: 1 hora
Porciones: 6

500g de pasta dulce para pay
(ver Pág. 5)
2 latas de 425g c/u de cerezas negras,
sin hueso y escurridas
⅓ de taza (60g) de azúcar moscabado
1 ½ cucharadita de canela en polvo
1 cucharadita de ralladura fina
de cáscara de limón

1 cucharadita de ralladura fina
de cáscara de naranja
1-2 gotas de extracto de almendra
¼ de taza (25g) de almendras,
molidas
1 huevo ligeramente batido

1 Precalentar el horno a 190°C (375°F).
Extender entre 2 hojas de papel encerado ⅔ partes de la pasta hasta obtener un
círculo que cubra un molde para pay de
22cm. Forrarlo y cortar el exceso de pasta
con un cuchillo. Extender el resto de pasta hasta que tenga el tamaño suficiente
para tapar el pay. Cubrir con plástico y
refrigerar 20 minutos.
2 En un tazón revolver las cerezas, el

azúcar, la canela, las ralladuras y el extracto de almendras.
3 Poner una capa de almendras molidas
sobre la pasta, encima la mezcla de cerezas. Barnizar las orillas con huevo batido
y acomodar encima la tapa de pasta. Sellar con un tenedor las orillas. Hacer 4
cortes sobre el pay para dejar salir el vapor. Barnizar con huevo y hornear durante 1 hora o hasta que la pasta esté dorada y el relleno burbujee a través de los cortes. Servir caliente.

VALOR NUTRICIONAL POR PORCIÓN
Proteínas 7.5g; Grasa 24.5g; Carbohidratos
61.5g; Fibra dietética 4g; Colesterol 53.5mg;
2055kJ (490cal)

*Poner una capa de almendras molidas
sobre la pasta.*

*Acomodar sobre las almendras la mez-
cla de cerezas.*

*Tapar el pay con la tapa y sellar con un
tenedor las orillas.*

PAY HELADO DE VAINILLA Y CARAMELO

Tiempo de preparación: 1 hora
+ 6 horas para congelar
+ 20 minutos para refrigerar
+ tiempo para enfriar
Tiempo total de cocción: 20 minutos
Porciones: 6-8

250g de galletas de chocolate
150g de mantequilla sin sal
1 vaina de vainilla, abierta
1 taza (250ml) de leche
2 tazas (500ml) de crema
$^2/_3$ de taza (160g) de azúcar refinada
6 yemas de huevo

Caramelo
$^1/_2$ taza (125g) de azúcar refinada
$^1/_4$ de taza (60ml) de crema
30g de mantequilla sin sal

1 Engrasar un molde de 27cm. En el procesador moler finamente las galletas. Revolver con la mantequilla hasta que se integren bien, forrar presionando con esta pasta la base y las orillas del molde. Refrigerar.
2 En una olla raspar las semillas de la vainilla. A fuego medio agregar la vaina, la leche, la crema y el azúcar, revolver hasta que el azúcar se haya disuelto.
3 En un tazón batir las yemas de huevo y agregar batiendo lentamente $^1/_2$ taza (125ml) de la mezcla de crema y vainilla. Regresar todo a la olla y cocinar a fuego bajo, revolviendo constantemente, durante 10 minutos o hasta que haya espesado y cubra el dorso de una cuchara. Colar y refrigerar 20 minutos.
4 Verter la mezcla en una charola de metal profunda y meter al congelador durante 1 hora 30 minutos, hasta que las orillas empiecen a congelarse. Transferir al procesador o a un tazón y batir hasta que esté suave, regresar a la charola y volver a congelar. Repetir este proceso 3 veces. Para la última vez que se vaya a congelar untar la mezcla en el molde para pay con costra y cubrir con papel encerado.
5 Para hacer el caramelo: Poner en una olla a fuego bajo el azúcar y 1 cucharada de agua, revolver hasta que el azúcar se haya disuelto. Aumentar el fuego, no re-

volver y hervir hasta que tome color caramelo claro. Retirar del fuego y agregar gradualmente la crema, la mantequilla y 1 cucharada de agua. Regresar al fuego y volver a hervir, revolver bien. Retirar y dejar enfriar 20 minutos. Cuando el caramelo esté tibio verterlo sobre el pay.

Congelar hasta que endurezca. Servir con el caramelo restante.

VALOR NUTRICIONAL POR PORCIÓN (8)
Proteínas 6.5g; Grasa 59g; Carbohidratos 59.5g; Fibra dietética 0.5g; Colesterol 294.5mg; 3255kJ (780cal)

Revolver la mezcla de vainilla y crema hasta que haya espesado y cubra el dorso de una cuchara.

Untar la mezcla sobre la costra de galleta.

PAY DE ZARZAMORA

Tiempo de preparación: 20 minutos
+ 30 minutos para refrigerar
Tiempo total de cocción: 40 minutos
Porciones: 6

500g de pasta dulce para pay
    (ver Pág. 5)
500g de zarzamoras
²⁄₃ de taza (160g) de azúcar refinada
2 cucharadas de maicena
leche, para barnizar

1 huevo ligeramente batido
azúcar refinada, extra para espolvorear

1 Precalentar el horno a 200°C (400°F).
Engrasar un refractario de 26cm de diámetro. Extender entre 2 hojas de papel
encerado ²⁄₃ partes de la pasta hasta que
tenga el tamaño suficiente para forrar la
base y las orillas del refractario. Forrarlo.
2 En un tazón revolver el azúcar, las zarzamoras (si están congeladas, desconge-
larlas y escurrirlas bien) y la maicena. Poner
este relleno sobre la pasta del refractario.
Extender el resto de la pasta hasta que
tenga el tamaño suficiente para cubrir el
pay. Humedecer con leche el borde del

pay, poner encima la tapa y cortar el exceso de pasta. Presionar y rizar las orillas.
Barnizar con huevo y espolvorear el azúcar extra. Con un cuchillo perforar la tapa.
3 Hornear en la rejilla más baja del horno durante 10 minutos. Reducir la temperatura a 180°C (350°F), subir el pay a
la rejilla de en medio y continuar la cocción otros 30 minutos o hasta que esté
dorada la tapa. Dejar enfriar antes de servir. Acompañar con crema o helado.

VALOR NUTRICIONAL POR PORCIÓN
Proteínas 8.5g; Grasa 20g; Carbohidratos 74.5g;
Fibra dietética 7mg; Colesterol 87mg; 2120kJ
(505cal)

*Acomodar la pasta en el molde, dejar que
cuelguen las orillas.*

*Poner el relleno de zarzamoras sobre la
pasta del pay.*

*Después de barnizar con huevo batido,
espolvorear con azúcar refinada.*

PAY DE LIMÓN CON COSTRA DE AZÚCAR GLASS

Tiempo de preparación: 20 minutos
+ 20 minutos para refrigerar
Tiempo total de cocción: 50 minutos
Pociones: 6-8

2 limones
½ taza (60g) de harina
2 tazas (500g) de azúcar refinada
40g de mantequilla sin sal, derretida
4 huevos, ligeramente batidos
1 huevo, extra, ligeramente batido
azúcar glass para espolvorear
crema para servir (opcional)

Pasta
3 tazas (375g) de harina
185g de mantequilla sin sal,
   fría y en cubitos
2 cucharadas de azúcar refinada
4-5 cucharadas de agua helada

1 Rallar el limón y obtener 2 cucharaditas de ralladura, ponerla en un tazón grande. Quitar la cáscara, las membranas y las semillas del limón, cortarlo en rebanadas delgadas.
2 En un tazón cernir el harina junto con la ralladura y revolver con el azúcar y una pizca de sal. Agregar la mantequilla y casi todo el huevo, revolver hasta que esté todo integrado y suave. Incorporar las rebanadas de limón.
3 Precalentar el horno a 200°C (400°F) y precalentar una charola. Engrasar un refractario de 25cm de diámetro.
4 Para hacer la pasta: En un tazón grande de cernir el harina, ¼ de cucharadita de sal y con los dedos frotar con la mantequilla hasta que forme moronas finas. Añadir el azúcar. Hacer una fuente y agregar casi toda el agua, revolver con un cuchillo sin filo haciendo movimientos cortantes hasta que la pasta forme moronas grandes, agregar más agua si es necesario. Juntar la pasta y ponerla sobre una superficie enharinada. Formar una pelota y achatarla un poco. Envolver en plástico y refrigerar 20 minutos.
5 Extender ⅔ partes de la pasta de tamaño suficiente para cubrir la base y las orillas de refractario. Forrarlo. Verter el relleno sobre el molde forrado, emparejar

la superficie. Extender el resto de la pasta de tamaño suficiente para tapar el pay. Cortar 3 triángulos en el centro de la tapa. Barnizar con el huevo batido la orilla del pay y acomodar la tapa, presionar las orillas para cerrar, recortar el exceso de pasta. Barnizar el pay con huevo.
6 Hornear sobre la charola caliente durante 20 minutos. Reducir la temperatura a 180°C (350°F). Tapar el pay con alumi-

nio y hornear 30 minutos más o hasta que el relleno haya cuajado y la pasta esté dorada. Dejar enfriar antes de servir. Para decorar espolvorear azúcar glass encima del pay.

VALOR NUTRICIONAL POR PORCIÓN (8)
Proteínas 9g; Grasa 26g; Carbohidratos 106.5g; Fibra dietética 2.5g; Colesterol 161mg; 2880KJ (690cal)

Quitar la cáscara, las membranas y las semillas de limón.

Incorporar las rebanadas de limón con la mezcla de mantequilla y huevo.

PAY DE MORA AZUL

Tiempo de preparación: 30 minutos
+ 20 minutos para refrigerar
Tiempo total de cocción: 30 minutos
Porciones: 6-8

Pasta
1 ½ tazas (185g) de harina
100g de mantequilla sin sal,
fría y en cubos
2 cucharaditas de ralladura de cáscara
de naranja
1 cucharada de azúcar refinada
2-3 cucharadas de agua helada

¹/₃ de taza (40g) de galletas amaretti
o galletas de almendra, molidas
½ taza (60g) de harina
1 cucharadita de canela en polvo
¹/₃ de taza (90g) de azúcar refinada
500g de moras azules frescas
leche, para barnizar
2 cucharadas de mermelada
de mora azul
azúcar glass para decorar

1 En un tazón cernir el harina y frotarla con la mantequilla hasta formar moronas finas. Revolver con la ralladura de naranja y con el azúcar. Hacer una fuente y agregar casi toda el agua, mezclar con un cuchillo sin filo haciendo movimientos cortantes hasta formar moronas grandes. Agregar más agua si es necesario. Juntar la pasta y ponerla sobre una superficie enharinada, hacer una bola y achatarla un poco. Envolver en plástico y refrigerar 20 minutos.
2 Precalentar el horno a 200°C (400°F). Revolver las galletas molidas, el harina, la canela y 1 ½ cucharadas de azúcar. Ex-

tender la pasta hasta formar un círculo de 36cm y espolvorear encima la mezcla de galletas, dejar un borde de 4cm. Distribuir las moras sobre las galletas molidas. Subir las orillas del pay y doblarlas hacia el centro.
3 Barnizar el pay con leche. Espolvorear el azúcar restante y hornear durante 30 minutos o hasta que las orillas estén crujientes y cafés.

4 Calentar la mermelada en un sartén a fuego bajo y barnizar sobre las moras. Dejar enfriar el pay a temperatura ambiente, espolvorear la orilla con azúcar glass cernida.

VALOR NUTRICIONAL POR PORCIÓN (8)
Proteínas 4g; Grasa 12.5g; Carbohidratos 50.5g; Fibra dietética 3g; Colesterol 32.5mg; 1370kJ (325cal)

Espolvorear la mezcla de galletas molidas sobre la pasta.

Acomodar las moras sobre las galletas molidas con ralladura de naranja y doblar las orillas hacia el centro.

Barnizar el relleno con la mermelada tibia.

PAY DE LIMÓN CON MERENGUE

Tiempo de preparación: 30 minutos
+ 20 minutos para refrigerar
Tiempo total de cocción: 50 minutos
Porciones: 4-6

375g de pasta dulce para pay
   (ver Pág. 5)
¼ de taza (30g) de harina
¼ de taza (30g) de maicena
1 taza (250g) de azúcar refinada
¾ de taza (185ml) de jugo de limón
1 cucharada de ralladura de cáscara
   de limón
50g de sal, en pedazos
6 yemas de huevo

Merengue
6 claras de huevo
1 ⅓ de taza (340g) de azúcar refinada
1 pizca de cremor tártaro

1 Engrasar un molde refractario de 25cm. Extender la pasta y hacer un círculo de 30cm. Forrar el refractario con la pasta y cortar el excedente.

2 Extender los recortes de la pasta y cortar 3 tiras de 10x2cm. Barnizar la orilla del pay con agua y acomodar las tiras alrededor del refractario, con los dedos rizar la orilla. Picar la base con un tenedor. Cubrir con plástico y refrigerar 20 minutos. Precalentar el horno a 180°C (350°F).

3 Cubrir con papel encerado la pasta del refractario y poner encima arroz o frijoles crudos. Hornear 15 minutos, quitar el papel y el arroz, regresar al horno otros 15 ó 20 minutos o hasta que la costra esté seca. Dejar enfriar. Incrementar el calor del horno a 200°C (400°F).

4 Para hacer el relleno de limón: Poner en un sartén el harina, la maicena, el azúcar, el jugo y la ralladura de limón. Agregar poco a poco 1 ¼ tazas (315ml) de agua y batir a fuego medio hasta que todo esté integrado y suave. Cocinar moviendo constantemente otros 2 minutos más o hasta que haya espesado. Retirar del fuego e incorporar batiendo fuerte las yemas de huevo y la mantequilla. Volver a poner a fuego medio y revolver constantemente durante 2 minutos o hasta que esté muy espeso.

5 Para hacer el merengue: Poner en la batidora un tazón limpio y seco, batir las claras, el azúcar y el cremor tártaro hasta que forme picos, aproximadamente 10 minutos.

6 Untar el relleno del limón sobre la costra fría del refractario y encima poner el merengue, con un cuchillo hacer picos. Hornear durante 8 ó 10 minutos o hasta que el merengue esté ligeramente café.

VALOR NUTRICIONAL POR PORCIÓN (6)
Proteínas 10.5g; Grasa 27.5g; Carbohidratos 133g; Fibra dietética 1.5g; Colesterol 217mg; 3385kJ (810cal)

Con un cuchillo hacer picos en el merengue.

PAY DE MANZANA

Tiempo de preparación: 40 minutos
   + 20 minutos para refrigerar
Tiempo total de cocción: 50 minutos
Porciones: 6-8

Pasta
2 cucharaditas de semolina
2 tazas (240g) de harina
¼ de cucharadita de bicarbonato
125g de mantequilla sin sal,
   fría y en cubos
¼ de taza (60g) de azúcar refinada
1 huevo
3-4 cucharadas de agua helada

875g de manzanas, peladas,
   descorazonadas y en rebanadas
   delgadas
¼ de taza (60g) de azúcar refinada
½ cucharadita de canela en polvo
¼ de cucharadita de especias mixtas
   en polvo
1 huevo, separado
azúcar moscabado para espolvorear

1 Engrasar un molde de 24cm de diámetro y de 5cm de profundidad, espolvorearlo con semolina. En un tazón grande cernir el harina, el bicarbonato y la sal, frotar con la mantequilla hasta formar moronas finas. Revolver el azúcar. Hacer una fuente y en el centro poner los huevos y casi toda el agua. Mezclar con un cuchillo sin filo, hacer movimientos cortantes hasta obtener moronas gruesas, agregar un poco más de agua si es necesario.

2 Juntar la pasta y ponerla en una superficie enharinada, formar una pelota, achatarla ligeramente y envolver con plástico. Refrigerar 20 minutos. Precalentar el horno a 200°C (400°F).

3 En un tazón grande revolver las manzanas con el azúcar y las especias.

4 Extender la pasta entre 2 hojas de papel encerado hasta formar un círculo de 40cm. Forrar el refractario con la pasta y dejar que cuelguen las orillas. Barnizar la base con la clara de huevo, acomodar las manzanas en el centro.

5 Doblar y plisar las orillas de la pasta sobre el relleno, dejar 4cm en el centro sin tapar. Barnizar con la clara de huevo y espolvorear encima el azúcar. Hornear 20 minutos y reducir el calor a 180°C (350°F), hornear otros 30 minutos o hasta que la pasta esté dorada y crujiente. Si la pasta toma color muy rápido durante el horneado tapar con papel aluminio. Servir caliente o a temperatura ambiente.

VALOR NUTRICIONAL POR PORCIÓN (8)

Proteínas 5.5g; Grasa 1.5g; Carbohidratos 51g; Fibra dietética 3.5g; Colesterol 84.5mg; 1470kJ (350cal)

Pelar las manzanas, descorazonarlas y rebanarlas.

Barnizar la pasta con la clara de huevo y espolvorear el azúcar moscabado.

PAYS DE ALMENDRAS

Tiempo de preparación: 20 minutos
Tiempo total de cocción: 25 minutos
Porciones: 8

50g de almendras, en hojuelas
125g de mantequilla sin sal, suave
1 taza (125g) de azúcar glass
125g de almendras molidas
¼ de taza (30g) de harina
2 huevos
1 cucharada de ron o de brandy
½ cucharadita de extracto de vainilla
4 hojas de pasta de hojaldre
    (ver Pág. 6)

1 huevo, ligeramente batido
azúcar, para espolvorear
azúcar glass, para decorar

1 Precalentar el horno a 200°C (400°F).
En una charola hornear las hojuelas de
almendra durante 2 ó 3 minutos o hasta
que estén doradas. Retirar las almendras
y regresar la charola al horno para man-
tenerla caliente.
2 Poner en la batidora la mantequilla,
el azúcar glass, las almendras molidas, el
harina, los huevos, el ron y la vainilla, batir 2 ó 3 minutos o hasta que todo esté
integrado y suave. Mezclar con las hojuelas de almendra.
3 Cortar 8 círculos de 10cm y 8 círculos
de 11cm de pasta de hojaldre. Dividir en-

tre los círculos pequeños el relleno de almendra, dejar un borde de 1cm. Barnizar
los bordes con huevo batido y colocar
encima del relleno los círculos de pasta
restantes. Sellar las orillas con un tenedor. Se pueden hacer decoraciones con
los recortes de pasta. Barnizar los pays
con huevo batido, espolvorear el azúcar y
picar con un tenedor las tapas de los pays
para que salga el vapor. Hornear sobre la
charola caliente por 15 ó 20 minutos o
hasta que la pasta esté esponjada y dorada. Espolvorear azúcar glass.

VALOR NUTRICIONAL POR PAY
Proteínas 12g; Grasa 46g; Carbohidratos 49.5g;
Fibra dietética 3g; Colesterol 128mg; 2750kJ
(655cal)

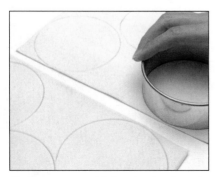

Cortar con un molde los círculos de pasta.

*Dividir el relleno de almendras entre los
8 círculos pequeños de pasta.*

Sellar los pays con un tenedor.

PAY DE DURAZNO

Tiempo de preparación: 35 minutos
+ 20 minutos para refrigerar
Tiempo total de cocción: 55 minutos
Porciones: 6

500g de pasta dulce para pay
(ver Pág. 5)
2 latas de duraznos de 825g c/u,
en rebanadas y escurridos
½ taza (125g) de azúcar refinada
¼ de taza (30g) de maicena
¼ de cucharadita de extracto
de almendra
20g de mantequilla sin sal, en pedazos
1 cucharada de leche
1 huevo, ligeramente batido
azúcar refinada para espolvorear

1 Extender ⅔ partes de la pasta entre 2 hojas de papel encerado de tamaño suficiente para cubrir un molde para pay de 23cm. Forrarlo y dejar que la pasta cuelgue en las orillas. Cortar el excedente con un cuchillo y refrigerar 20 minutos.
2 Precalentar el horno a 200°C (400°F). Poner papel encerado sobre el molde forrado para que cubra la base y las orillas, encima poner arroz o frijoles crudos. Hornear 10 minutos, retirar el arroz y el papel y hornear otros 5 minutos más o hasta que la base esté seca y con un poco de color.
3 En un tazón combinar los duraznos, el azúcar, la maicena, y el extracto de almendra. Poner el relleno en la costra fría del pay, acomodar los pedazos de mantequilla y humedecer los bordes con leche.
4 Extender el resto de la pasta hasta formar un cuadrado de 25cm, con un cortador rizado hacer 10 tiras de 2.5cm de ancho. Colocar las tiras sobre el relleno formando un enrejado. Presionar los bordes y barnizar el enrejado con huevo. Espolvorear el azúcar y hornear 10 minutos, reducir la temperatura a 180°C (350°F) y hornear 30 minutos más o hasta que la cubierta esté dorada. Dejar enfriar antes de servir. Se puede acompañar con helado.

VALOR NUTRICIONAL POR PORCIÓN
Proteínas 7g; Grasa 25g; Carbohidratos 69.5g; Fibra dietética 3g; Colesterol 62mg; 2195kJ (525cal)

Revolver los duraznos con el azúcar, la maicena y el extracto de vainilla.

Acomodar las tiras de pasta en forma de enrejado sobre el relleno.

SALSAS

Cualquiera de las siguientes recetas es el acompañamiento perfecto para un pay. Rinden de 4 a 6 porciones.

SYLLABUB

En un tazón revolver ½ taza (125ml) de champaña o de vino blanco semi seco, 1 cucharada de brandy, 1 cucharadita de ralladura fina de limón y ¼ de taza (60g) de azúcar refinada. Dejar reposar durante 1 hora, revolver de vez en cuando para que el azúcar se disuelva. Añadir 1 ¼ de taza (315ml) de crema espesa fría, batir hasta que forme picos suaves. Servir inmediatamente o enfriar hasta que se utilice. Esta salsa puede durar hasta 2 días en refrigeración.

ZABAGIONE

En un tazón resistente al calor poner 4 yemas de huevo y ¼ de taza (60g) de azúcar refinada. En la batidora eléctrica batir los huevos con el azúcar durante 1 ó 2 minutos o hasta que la mezcla esté cremosa y de color pálido. Poner el tazón en baño maría y agregar 2 cucharadas de cointreau, continuar batiendo durante 5 ó 6 minutos o hasta que la mezcla esté espesa y haga burbujas. Servir inmediatamente, sólo sirve recién hecha porque los huevos se separan.

Nota: La salsa Zabagione se llama también sabayón. El cointreau se puede sustituir por cualquier otro licor de otro sabor, dependiendo del relleno del pay con que se sirva.

SALSA INGLESA

Con un batidor de globo batir en un tazón 3 yemas de huevo y 2 cucharadas de azúcar durante 3 minutos o hasta que la consistencia sea cremosa y suave. En una olla pequeña poner 1 ½ tazas (375ml) de leche y una vaina de vainilla abierta y raspada, revolver y hervir. Retirar la vaina y agregar lentamente la leche a la mezcla de huevo y azúcar, revolver constantemente. Regresar la mezcla a la olla y revolver con una cuchara de madera a fuego muy suave durante 5 minutos o hasta que el flan espese. No debe hervir porque el huevo hace grumos. Para comprobar si la consistencia es la adecuada sumergir una cuchara y pasar el dedo sobre el dorso, debe quedar limpio por donde pasó el dedo. Retirar del fuego. Se puede servir frío o caliente. Para guardarlo en refrigeración debe estar tapado con plástico.

Nota: Se puede agregar 1 ó 2 cucharadas de licor.

SALSA CREMOSA DE BRANDY

Batir 2 yemas de huevo y ⅓ de taza (90g) de azúcar refinada hasta que esté espesa, pálida y el azúcar se haya disuelto. Agregar ⅓ de taza (80ml) de brandy y 1 taza (250ml) de crema, revolver bien. En un tazón limpio y seco batir 2 claras de huevo hasta que formen picos suaves. Integrar suavemente con la mezcla de yemas y brandy. Servir de inmediato.

SALSA CREMOSA DE YOGURT

En un tazón pequeño batir 1 taza (250ml) de crema hasta que forme picos suaves. Suavemente incorporar con 1 taza (250g) de yogurt cremoso. Verter la mezcla en 3 tazones de 750ml de capacidad, emparejar la superficie y espolvorear ¼ de taza (45g) de azúcar moscabado. El azúcar debe formar una capa que cubra toda la superficie de la crema. Refrigerar mínimo 2 horas para dejar que el azúcar se caramelice.

De izquierda a derecha: Syllabub; Zabaglione; salsa inglesa; salsa cremosa de brandy; salsa cremosa de yogurt

PAY DE PLÁTANO CON CREMA

Tiempo de preparación: 25 minutos
+ 20 minutos para refrigerar
+ tiempo para enfriar
Tiempo total de cocción: 30 minutos
Porciones: 6-8

375g de pasta para pay
  (ver Pág. 5)
80g de chocolate oscuro, derretido
4 yemas de huevo
½ taza (125g)de azúcar refinada
½ cucharadita de extracto de vainilla
2 cucharadas de flan en polvo
2 tazas (500ml) de leche
40g de mantequilla, suave
1 cucharadita de brandy o de ron
3 plátanos maduros, extra para decorar
50g de chocolate oscuro, rallado
  o en rizos para decorar

1 Extender la pasta entre 2 hojas de papel encerado del tamaño suficiente para forrar un molde de 23cm. Forrarlo y dejar que la pasta cuelgue de las orillas. Con un cuchillo cortar el excedente. Refrigerar 20 minutos.

2 Precalentar el horno a 190°C (375°F). Sobre el molde con pasta poner papel encerado arrugado para cubrir la base y las orillas, colocar encima arroz o frijoles crudos. Hornear 10 minutos, quitar el papel y el arroz, regresar al horno otros 10 ó 12 minutos más o hasta que la base esté seca y haya tomado un poco de color.

3 Untar el chocolate derretido sobre la pasta horneada. Dejar enfriar.

4 Para hacer el relleno: Poner en un tazón las yemas de huevo, el azúcar, la vainilla y el flan en polvo, batir durante 2 ó 3 minutos o hasta que estén espesas y de color amarillo pálido. Poner en una olla pequeña la leche, hervir a fuego medio, retirar y verter poco a poco a la mezcla de yemas, revolver bien. Regresar a la olla y hervir a fuego medio, revolver durante 2 minutos o hasta que esté espeso. Retirar del fuego, agregar la mantequilla y el brandy. Reservar y dejar enfriar completamente.

5 Cortar el plátano en rebanadas de 3 a 4 cm. Acomodarlas sobre la pasta con

chocolate y verter la mezcla de yemas y brandy. Refrigerar hasta servirse. Decorar con rebanadas de plátano y con los rizos de chocolate.

VALOR NUTRICIONAL POR PORCIÓN (8)

Proteínas 8g; Grasa 25.5g; Carbohidratos 59.5g; Fibra dietética 2g; Colesterol 123.5mg; 2060kJ (490cal)

Batir las yemas con la mezcla de azúcar hasta que espese y tome color pálido.

Verter la mezcla de yemas y brandy sobre las rebanadas de plátano.

PAY CLÁSICO
DE MANZANA

Tiempo de preparación: 40 minutos
+ 40 minutos para refrigerar
+ tiempo para enfriar
Tiempo total de cocción: 55 minutos
Porciones: 8

Pasta
3 tazas (375g) de harina
¼ de cucharadita de bicarbonato
180g de mantequilla sin sal,
    fría y en pedazos
⅓ de taza (90g) de azúcar refinada
1 huevo, ligeramente batido

40g de mantequilla sin sal
6 manzanas verdes, peladas,
    sin semillas y descorazonadas
1 cucharada de jugo de limón
¾ de taza (140g) de azúcar
    moscabado
1 cucharadita de nuez moscada
2 cucharadas de harina
¼ de taza (25g) de almendras molidas
leche, para barnizar
azúcar para espolvorear

1 Engrasar un molde para pay con capacidad de 1lt y 20cm de diámetro. En un tazón grande cernir el harina con el bicarbonato y la maicena. Frotar con los dedos la mantequilla y el harina hasta formar moronas finas. Agregar el azúcar y una pizca de sal. Hacer un hoyo en el centro y agregar el huevo, mezclar con un cuchillo haciendo movimientos cortantes hasta que forme moronas grandes.
2 Juntar la pasta y ponerla sobre una superficie enharinada, integrarla bien y formar una bola, achatarla ligeramente y cubrir con plástico. Refrigerar 20 minutos.
3 Extender ⅔ partes de la pasta entre 2 hojas de papel encerado, de tamaño suficiente para cubrir la base y las orillas del molde. Forrarlo, dejar que cuelguen las orillas. Extender el resto de pasta de tamaño suficiente para cubrir el molde. Envolver en plástico y refrigerar 20 minutos. Precalentar el horno a 200°C (400°F) y precalentar una charola en el horno.
4 Para hacer el relleno: En un sartén derretir la mantequilla, agregar las manzanas y revolver. Añadir el jugo de limón, el azúcar y la nuez moscada. Cocinar 5 ó 10 minutos o hasta que estén tiernas. Combinar el harina con ¼ de taza (60ml) de agua y agregar a las manzanas. Incorporar las almendras, hervir y revolver duran-

te 2 ó 3 minutos o hasta que haya espesado. Verter a un tazón y dejar enfriar.
5 Acomodar la mezcla de manzanas en el molde forrado, tapar con la pasta y presionar las orillas. Cortar el excedente y pellizcar la pasta para sellar. Decorar con los recortes. Picar la superficie del pay. Barnizar con leche y espolvorear azúcar. Colocar el pay sobre una charola para horno y hornear 40 minutos o hasta que tome color café dorado. Dejar enfriar un poco antes de servir

VALOR NUTRICIONAL POR PORCIÓN
Proteínas 5.5g; Grasa 26g; Carbohidratos 74.5g; Fibra dietética 4g; Colesterol 92mg; 2280kJ (545cal)

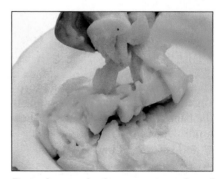

Poner la mezcla de manzanas sobre el molde para pay forrado.

PAY DESMORONADO DE PERA Y MANZANA

Tiempo de preparación: 20 minutos
+ 20 minutos para refrigerar
+ tiempo para enfriar
Tiempo total de cocción: 1 hora
10 minutos
Porciones: 6-8

375g de pasta para pay (ver Pág. 5)
3 peras
4 manzanas rojas
¼ de taza (60g) de azúcar refinada
2 cucharaditas de ralladura de cáscara de naranja
90g de pasas
¾ de taza (90g) de harina
½ taza (95g) de azúcar moscabado
½ cucharadita de jengibre en polvo
90g de mantequilla sin sal

1 Extender la pasta entre 2 hojas de papel encerado hasta cubrir un molde para pay de 23cm. Forrarlo y cortar el excedente de pasta. Tapar con plástico y refrigerar 20 minutos.
2 Pelar, descorazonar y rebanar las peras y las manzanas. Ponerlas en una olla grande junto con el azúcar, la ralladura y 2 cucharadas de agua, cocinar a fuego bajo revolviendo ocasionalmente durante 20 minutos o hasta que la fruta esté suave pero no se deshaga. Retirar del fuego. Agregar las pasas y una pizca de sal, revolver y reservar para enfriar completamente.
3 Precalentar el horno a 200°C (400°F) y precalentar una charola. Colocar la mezcla de peras y manzanas sobre el molde forrado con pasta. Para hacer la cubierta revolver en un tazón el harina, el azúcar moscabado, y el jengibre. Con los dedos frotar el harina con la mantequilla hasta formar moronas grandes. Esparcir las moronas sobre el relleno del pay.
4 Colocar el molde sobre la charola caliente y hornear 10 minutos, reducir la temperatura del horno a 180°C (350°F) y continuar con la cocción otros 40 minutos o hasta que tome color café. Si el pay está tomando color muy rápido, tapar con papel aluminio. Servir caliente acompañado con crema.

VALOR NUTRICIONAL POR PORCIÓN (8)
Proteínas 5g; Grasa 21.5g; Carbohidratos 72g; Fibra dietética 4.5g; Colesterol 41.5mg; 2055kJ (490cal)

Cocer las peras y las manzanas, revolviendo ocasionalmente, hasta que estén tiernas.

Esparcir las moronas sobre el relleno del pay.

PAY DE CHOCOLATE Y MANTEQUILLA DE CACAHUATE

Tiempo de preparación: 30 minutos
+ 4 horas 15 minutos
para refrigerar
Tiempo total de cocción: 5 minutos
Porciones: 10-12

200g de galletas de chocolate rellenas,
molidas
50g de mantequilla sin sal, derretida
1 taza (250g) de queso crema
²/₃ de taza (85g) de azúcar glass, cernida
½ taza (125g) de mantequilla
de cacahuate
1 cucharadita de extracto de vainilla
300ml de crema, batida hasta formar
picos suaves
¼ de taza (60ml) de crema, extra
3 cucharaditas de mantequilla sin sal,
extra
100g de chocolate oscuro, rallado
cacahuates rostizados, para decorar

1 Revolver las galletas molidas y la mantequilla derretida para forrar la base y las
orillas de un molde para pay de 23cm.
Refrigerar 15 minutos o hasta que esté
firme.
2 En el tazón de la batidora eléctrica
poner el queso crema y el azúcar glass,
batir hasta que esté suave. Añadir la mantequilla de cacahuate y la vainilla, batir
hasta integrar. Revolver ⅓ parte de la crema batida, hasta que la mezcla esté suave y con movimientos envolventes
incorporar el resto de la crema batida.
3 Verter ⅔ partes de la mezcla sobre la
costra del pay, emparejar la superficie –el
resto de la crema servirá para decorar.
Refrigerar el pay y el resto del relleno durante 2 horas o hasta que estén firmes.
4 Cuando el pay esté firme poner en una
olla pequeña la crema extra y la mantequilla a fuego medio, únicamente hasta
que la crema se caliente y la mantequilla
se haya derretido. Retirar del fuego y agregar el chocolate rallado, revolver hasta que
se derrita y todo esté suave e integrado.

Dejar enfriar a temperatura ambiente, verter sobre el pay y, con una espátula remojada en agua caliente, emparejar si es
necesario. Refrigerar otras 2 horas o hasta que la cubierta esté firme. Retirar el
relleno extra del refrigerador aproximadamente 30 minutos antes de servir.
5 Para decorar: Poner en la manga de
una duya el relleno extra y hacer roseto-
nes sobre la orilla del pay, o con 2 cucharas poner un poco del relleno alrededor
del pay. Colocar un cacahuate sobre cada
rosetón. Servir rebanadas delgadas.

VALOR NUTRICIONAL POR PORCIÓN (12)
Proteínas 6.5g; Grasa 35g; Carbohidratos 25g;
Fibra dietética 1.5g; Colesterol 75.5mg; 1820kJ
(435cal)

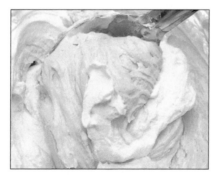

*Revolver la crèma batida con la mezcla
de cacahuate.*

*Verter la mezcla de chocolate sobre el
pay y con una espátula remojada en agua
caliente emparejar la superficie.*

PAY DE NUEZ CON SALSA DE CARAMELO

Tiempo de preparación: 40 minutos
+ tiempo para refrigerar
+ tiempo para enfriar
Porciones: 6-8

Pasta
2 tazas (250g) de harina
180g de mantequilla sin sal fría, en cubos
⅓ de taza (40g) de azúcar glass
1 yema de huevo
3-4 cucharadas de agua fría

Relleno
2 huevos
210g de azúcar refinada
150g de nueces, finamente picadas

Salsa de caramelo
40g de mantequilla sin sal
1 ¼ de taza (230g) de azúcar morena
2 cucharaditas de esencia de vainilla
200ml de crema

1 yema de huevo, ligeramente batida
azúcar glass para decorar
nueces de nogal para decorar

1 En un tazón grande cernir el harina y ½ cucharadita de sal. Con los dedos frotar la mantequilla y el harina hasta que forme moronas finas. Agregar el azúcar glass. Hacer una fuente, agregar la yema y casi toda el agua, mezclar con un cuchillo sin filo haciendo movimientos cortantes hasta que se forme moronas finas.

2 Juntar la pasta y ponerla en una superficie enharinada. Hacer una bola y achatarla ligeramente. Tapar con plástico y refrigerar 20 minutos.

3 Precalentar el horno a 180°C (350°F). Engrasar un molde de orilla rizada de 30 x 11cm. En un tazón poner los huevos y el azúcar, batir durante 2 minutos. Agregar las nueces.

4 Dividir la masa en dos porciones, una un poco más grande que la otra. Extender la pasta más grande entre dos hojas de papel encerado hasta que tenga el tamaño suficiente para cubrir la base y las orillas del molde. Forrarlo. Tapar el molde con plástico y refrigerar. Extender el resto de la pasta de tamaño suficiente para tapar el molde.

5 Verter la mezcla de nuez en el molde forrado, barnizar los bordes con yema de huevo. Colocar la tapa de pasta y presionar las orillas para sellar. Cortar el excedente. Hacer una abertura en el centro de la pasta para dejar escapar el vapor. Barnizar con yema de huevo y hornear de 30 a 35 minutos. Dejar enfriar por lo menos una hora (no debe refrigerarse).

6 Para hacer la salsa de caramelo: Colocar la mantequilla, el azúcar, la vainilla y la crema en un sartén y cocinar, revolviendo, por 5 minutos o hasta que espese. Espolvorear el pay con azúcar glass y esparcir las nueces. Bañar con la salsa de caramelo.

VALOR NUTRICIONAL POR PORCIÓN (8)
Proteínas 9g; Grasa 49.5g; Carbohidratos 83.5g; Fibra dietética 2.5g; Colesterol 193mg; 3345kJ (800cal)

Verter la mezcla de nuez en el molde forrado y barnizar los bordes con la yema batida.

Para hacer la salsa de caramelo: Calentar la mantequilla, el azúcar, la vainilla y la crema, revolver hasta que espese

PAY DE PERA Y NUEZ

Tiempo de preparación: 25 minutos
  + 40 minutos para refrigerar
  + tiempo para enfriar
Tiempo total de cocción: 50 minutos
Porciones: 6

Pasta
1 ½ tazas (185g) de harina
75g de mantequilla sin sal, fría
    y en cubos
50g de grasa vegetal blanca,
    fría y en cubos
1 cucharadita de azúcar refinada
2-3 cucharadas de agua helada

40g de mantequilla
½ taza (175g) de jarabe de maíz
2 cucharadas de maicena
¼ de cucharadita de jengibre en polvo
½ cucharadita de ralladura de cáscara
    de limón
½ cucharadita de especias mixtas
4 peras, peladas, descorazonadas
    y en rebanadas delgadas
1 taza (100g) de nueces pecanas, picadas
1 cucharada de azúcar refinada
1 cucharada de nueces pecanas molidas
1 cucharada de azúcar
1 huevo, ligeramente batido

1 Para hacer la pasta: En un tazón cernir el harina y ¼ de cucharadita de sal, frotar con la mantequilla y la grasa vegetal hasta formar moronas finas. Agregar el azúcar. Hacer una fuente y en el centro poner casi toda el agua, con un cuchillo sin filo mezclar haciendo movimientos cortantes hasta que se formen moronas gruesas, agregar más agua si es necesario.
2 Juntar la pasta y ponerla en una superficie enharinada. Formar una pelota y achatarla ligeramente. Envolver en plástico y refrigerar 20 minutos.
3 Precalentar el horno a 200°C (400°F) y calentar una charola. Engrasar un molde para pay de 23cm. Extender ²/₃ partes de la pasta entre 2 hojas de papel encerado hasta que cubra la base y las orillas del molde. Forrarlo, cubrir con plástico y refrigerar 20 minutos.
4 Para el relleno: Poner en una olla el jarabe de maíz, calentar a fuego medio durante 2 minutos. Agregar la maicena, el jengibre, la ralladura y las especias mixtas, revolver hasta que todo se integre y esté suave. Incorporar las peras y la mitad de las nueces picadas, cocinar 5 minutos o hasta que las peras estén tiernas. Dejar enfriar completamente.
5 Combinar el azúcar refinada y el resto de las nueces picadas, esparcir sobre el molde forrado. Agregar el relleno de pera.
6 Combinar las nueces molidas y el azúcar. Extender el resto de la pasta y formar una tapa, barnizarla con huevo batido. Cortar unas tiras de papel encerado de 3cm de ancho, ponerlas sobre la tapa de pasta y dejar un intervalo de 3cm entre cada una. Esparcir la mezcla de nueces y azúcar, pasar el rodillo encima sin presionar mucho, únicamente para pegar las nueces y el azúcar a la tapa. Colocar la tapa sobre el pay, quitar las tiras de papel, pellizcar la orilla para sellar y cortar el excedente.
7 Poner el pay sobre la charola caliente, colocarla en el centro del horno y cocer 20 minutos. Reducir la temperatura a 180°C (350°F), tapar el pay con papel aluminio y hornear otros 20 minutos. Dejar enfriar en el molde. Servir tibio o frío.

VALOR NUTRICIONAL POR PORCIÓN
Proteínas 6.5g; Grasa 33.5g; Carbohidratos 69g; Fibra dietética 5g; Colesterol 61.5mg; 2485kJ (595cal)

Pelar las peras, descorazonarlas y cortarlas en rebanadas delgadas.

Agregar la maicena, el jengibre, la ralladura de limón y las especias mixtas. Revolver hasta que se integre todo.

Poner la mezcla de peras sobre el molde forrado con pasta.

Esparcir las nueces con azúcar sobre la tapa con tiras de papel.

Quitar las tiras de papel de la tapa.

Colocar la tapa sobre el relleno y cortar el excedente de pasta.

PAY DE LIMÓN

Tiempo de preparación: 10 minutos
Tiempo total de cocción: 40 minutos
Porciones: 6-8

375g de pasta dulce para pay
   (ver Pág. 5)
4 yemas de huevo
395g de leche condensada
½ taza (125ml) de jugo de limón
2 cucharaditas de ralladura de limón

1 Precalentar el horno a 180°C (350°F). Engrasar un molde de 18cm. Extender la pasta entre dos hojas de papel encerado hasta que tenga el tamaño suficiente para forrar el molde. Forrarlo y cortar el excedente de pasta.
2 Forrar la pasta con una hoja de papel encerado de tamaño suficiente para cubrir la base y los lados del molde, colocar frijoles crudos encima para hacer peso. Hornear por 10 minutos, quitar los frijoles y el papel y volver a hornear de 4 a 5 minutos. Dejar enfriar.
3 Con un batidor eléctrico batir las yemas, la leche condensada, el jugo y la ralladura de limón en un tazón grande durante 2 minutos o hasta que se mezcle bien. Verter al molde y emparejar la superficie. Hornear de 20 a 25 minutos o hasta que esté firme. Dejar enfriar y refrigerar por 2 horas o hasta que esté bien frío. Servir con crema batida, adornar con rodajas de limón y espolvorear azúcar glass.

VALOR NUTRICIONAL POR PORCIÓN (8)
Proteínas 8.5g; Grasa 19g; Carbohidratos 47g; Fibra dietética 1g; Colesterol 119.5mg; 1615kJ (385cal)

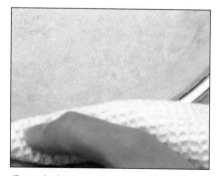

Cocer la base hasta que esté seca y dejarla enfriar.

Mezclar todos los ingredientes.

76

PAY DE PASAS

Tiempo de preparación: 15 minutos
  + 20 minutos para refrigerar
Tiempo total de cocción: 1 hora
Porciones: 6-8

600g de pasta dulce para pay
  (ver Pág. 5)
$\frac{1}{3}$ de taza (80ml) de jugo
  de naranja
2 cucharadas de jugo de limón
2 tazas (320g) de pasas
$\frac{3}{4}$ de taza (140g) de azúcar
  moscabado
$\frac{1}{2}$ cucharadita de especias mixtas
$\frac{1}{4}$ de taza (30g) de maicena
1 cucharadita de ralladura de limón,
  fina
1 cucharadita de ralladura de naranja,
  fina
1 huevo, ligeramente batido
1 cucharada de azúcar para espolvorear

1 Precalentar el horno a 190°C (375°F).

Colocar una charola para hornear en el horno para que se caliente. Engrasar un molde de 23cm.
2 Extender dos tercios de la pasta entre dos hojas de papel encerado hasta que tenga el tamaño suficiente para cubrir la base y las orillas del molde. Forrarlo y cortar el excedente. Refrigerar el molde forrado y el resto de la pasta mientras se prepara el relleno.
3 Mezclar los jugos, las pasas y 1 taza (250ml) de agua en un sartén. Hervir a fuego alto, revolviendo ocasionalmente, durante 2 minutos. Retirar del fuego.
4 Mezclar el azúcar, las especias y la maicena en un tazón. Añadir 1 taza (250ml) de agua y revolver hasta formar una pasta suave. Incorporar poco a poco a la mezcla de las pasas y regresar el sartén a fuego alto. Dejar que suelte el hervor, revolver regularmente, durante 5 minutos o hasta que espese y se reduzca un poco. Agregar la ralladura y dejar enfriar durante 30 minutos.
5 Extender el resto de la pasta de tamaño suficiente para cubrir el molde. Verter al molde la mezcla de las pasas, barnizar

las orillas con el huevo batido y tapar con la pasta, presionar las orillas y hacer unos agujeros con un tenedor. Barnizar con huevo, espolvorear el azúcar y hornear de 40 a 45 minutos o hasta que la pasta esté dorada. Servir caliente o frío.

VALOR NUTRICIONAL POR PORCIÓN (8)
Proteínas 6g; Grasa 20g; Carbohidratos 76g; Fibra dietética 3g; Colesterol 43.5mg; 2095kJ (500cal)

Usar una bolita de pasta para forrar el molde.

PAY DE CIRUELA

Tiempo de preparación: 15 minutos
+ 20 minutos para refrigerar
Tiempo total de cocción: 55 minutos
Porciones: 6-8

600g de pasta dulce para pay
    (ver Pág. 5)
14 ciruelas pasa, deshuesadas y
    picadas grueso o 2 latas (825g)
    de ciruelas pasa, escurridas
½ taza (95g) de azúcar moscabado
1 cucharadita de ralladura de limón

1 cucharadita de ralladura
    de naranja
30g de mantequilla, suavizada
2 cucharadas de harina
½ cucharadita de canela, molida
1 huevo ligeramente batido
azúcar refinada para espolvorear

1 Precalentar el horno a 180°C (350°F).
Engrasar ligeramente un molde de
23cm.
2 Extender dos tercios de la pasta entre
dos hojas de papel encerado hasta que
tenga el tamaño suficiente para cubrir la
base y las orillas del molde. Forrarlo y cortar el excedente. Refrigerar el molde forrado y el resto de la pasta durante 20
minutos.

3 Mezclar las ciruelas, el azúcar, la ralladura y la mantequilla en un tazón grande.
Cernir el harina y la canela sobre las ciruelas y revolver. Colocar el relleno en el
molde. Extender el resto de la pasta de
tamaño suficiente para cubrir el molde.
Tapar el molde con la pasta y quitar el
excedente, presionar los bordes y hacer
un agujero de 1cm en el centro. Barnizar
con el huevo y hornear de 50 a 55 minutos o hasta que las ciruelas estén suaves y
la costra dorada. Espolvorear con azúcar
refinada antes de servir.

VALOR NUTRICIONAL POR PORCIÓN (8)
Proteínas 6.5g; Grasa 23g; Carbohidratos 54g;
Fibra dietética 4.5g; Colesterol 53mg; 1870kJ
(445cal)

*Forrar el molde con la pasta y eliminar el
exceso.*

*Incorporar el harina y la canela cernidas
a la mezcla de las ciruelas.*

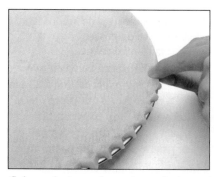

*Colocar la tapa de pasta y eliminar el
excedente.*